稲沢克祐

自治体における公会計改革

INAZAWA KATSUHIRO

同文舘出版

はしがき

　2009年度は，わが国の自治体会計・財政にとって，節目となる年であろう。第1に，財務書類4表（貸借対照表，行政コスト計算書，純資産変動計算書，資金収支計算書）が，連結ベースで一斉公表されるようになり「新地方公会計改革」の幕開けとなる。第2に，「地方公共団体の財政の健全化に関する法律（自治体財政健全化法）」による健全化判断比率の数値公表と財政再生団体・早期健全化団体の指定が行われるようになる。

　こうした節目の年を迎えて，本書の目的とするところは，これから進められる公会計改革と新たな財務分析について入門レベルの解説を行うことである。第1章では，地方公会計改革の背景を，①歴史的視点（これまでの経緯），②社会経済的視点，③国際的視点の3点から解説する。第2章では，改革が求められるようになった地方公会計について，その現状と課題を，①公会計の意義，②現金主義と発生主義，③公的アカウンタビリティの3点から整理している。第3章では，地方公会計改革と自治体経営改革との連関について，NPM改革の進展によって，精緻なコスト情報，ストック情報，非財務情報が求められるようになったという視点から解説を試みている。第4章では，総務省方式改訂モデルについて，財務書類4表の構造と見方を解説する。第5章では，自治体の財務分析について，①決算統計による財務分析，②健全化判断比率（健全化4指標）による財務分析，③財務書類4表を用いた財務分析，④行政評価との連動による財務分析等，の4点に分けて解説する。第6章，第7章では，公会計に対する理解を深めるために，公会計改革の国際的動向を解説する。まず，国際公会計基準について，その概要を事例を交えて解説し（第6章），次に，アメリカ，イギリス，ドイツ，フランス，ニュージーランドの地方公会計改革について，概観する（第7章）。

　公的アカウンタビリティの重要性は，ここで改めて指摘するまでもないが，公会計改革によって充実する財務情報も，健全化判断比率による財政状

i

況に関する情報も，広く理解されてこそ，意義がある。本書は，財務書類4表の作成を支援するものでもなく，また，健全化判断比率の算定方法を示すものでもない。あくまで，今般の地方公会計改革を，その背景から基礎的事項に至るまでを概観し，さらに，国際的視点からの理解を図ろうとする入門書である。

　最後に，こうした位置づけを理解していただき，本書の企画から編集，出版に当たるまで，同文舘出版の青柳裕之氏には本当にお世話になった。心から感謝を申し上げる。なお，第6章および第7章は，平成17～18年度文部科学省法科大学院等専門職大学院形式支援プログラム「地方自治体改革に貢献する会計専門職の養成」の研究成果の一部でもある。ここに記して感謝申し上げる。

平成21年8月

関西学院大学　稲沢克祐

contents

第1章 自治体における公会計改革の背景 … 1

1 地方公会計制度改革の歴史的視点 … 2
　(1) 地方公会計改革の黎明期 … 2
　(2) 資産・債務改革に資する公会計改革 … 3
2 社会経済的変化への対応の視点 … 7
3 国際的視点 … 10
　(1) 各国の公会計改革の現状 … 10
　(2) 国際公会計基準の策定 … 11

第2章 地方公会計の現状と課題 … 13

1 地方公会計の意義と機能 … 14
　(1) 公会計の意義 … 14
　(2) 地方公会計の意義と機能 … 15
2 認識基準（会計の基礎）：現金主義と発生主義 … 19
3 公的アカウンタビリティ … 22
　(1) 受託責任と説明責任 … 22
　(2) 公的アカウンタビリティ … 23
4 地方公会計の課題と改革 … 24

第3章 自治体経営改革と地方公会計改革 … 27

1 NPM改革の進展 … 28
　(1) 市場原理の導入 … 28
　(2) させる論理と任せる論理 … 28
　(3) 3つの視点—経済性・効率性・有効性 … 29

iii

2 自治体経営改革とコスト情報，非財務情報 ……… 32
- (1) 市場原理（官民比較）と公会計改革 ……… 32
- (2) VFMと公会計改革 ……… 32
- (3) 現金主義か発生主義か ……… 34

3 自治体経営改革とストック情報 ……… 35
- (1) インフラ資産・公共施設等と公会計改革 ……… 35
- (2) 第三セクター等への出資金／出えん金・投資および各種債権と公会計改革 ……… 40

第4章 財務書類4表の理解 ……… 45

1 地方公会計改革における財務書類 ……… 46
- (1) 3つのモデルと財務書類 ……… 46
- (2) 財務書類作成の状況 ……… 47

2 財務書類の理解【1】貸借対照表 ……… 49
- (1) 貸借対照表の意義と基本的構造 ……… 49
- (2) 資産の意義と3モデルの分類 ……… 49
- (3) 資産の部 ……… 51
- (4) 負債の部 ……… 57
- (5) 純資産の部 ……… 61

3 財務書類の理解【2】行政コスト計算書 ……… 63
- (1) 行政コスト計算書の意義 ……… 63
- (2) 行政コスト計算書の構成 ……… 63

4 財務書類の理解【3】純資産変動計算書 ……… 66
- (1) 純資産変動計算書の意義 ……… 66
- (2) 純資産変動計算書の構成 ……… 67

5 財務書類の理解【4】資金収支計算書 ……… 73
- (1) 資金収支計算書の意義 ……… 73
- (2) 資金収支計算書の構成と見方 ……… 74

- 6 連結財務書類の理解 ……………………………………… *78*
  - (1) 連結の範囲と連結方法 ………………………………… *78*
  - (2) 連結手続 ………………………………………………… *80*
  - (3) 連結財務書類の見方 …………………………………… *84*

第5章　財務分析の実際—財務書類の活用 ……… *87*

- 1 決算統計による財務分析 ………………………………… *88*
  - (1) 決算統計と決算カード ………………………………… *88*
  - (2) 決算統計を用いた財務分析 …………………………… *89*
- 2 財政健全化法の健全化判断比率による財務分析 ……… *95*
  - (1) 財政健全化法（地方公共団体の財政の健全化に関する法律） … *95*
  - (2) 財政健全化法による財務分析 ………………………… *95*
- 3 財務書類4表を用いた財務分析 ………………………… *102*
  - (1) 総務省方式改訂モデルを用いた財務書類の分析 …… *102*
  - (2) 独自の方式による財務書類と分析の視点 …………… *107*
- 4 その他の財務分析手法 …………………………………… *107*
  - (1) 行政評価との連動による財務分析 …………………… *107*
  - (2) 施策別の財務分析 ……………………………………… *108*

第6章　国際公会計基準 ………………………………… *111*

- 1 国際公会計基準における財務諸表 ……………………… *112*
  - (1) 公会計基準策定に向けたわが国の動き ……………… *112*
  - (2) 国際公会計基準における財務諸表 …………………… *112*
- 2 国際公会計基準における資産 …………………………… *120*
  - (1) 資産の定義 ……………………………………………… *120*
  - (2) 資産の種類 ……………………………………………… *121*
  - (3) 資産の計上額 …………………………………………… *125*

v

contents

 (4) 資産の減損 …………………………………………… *125*
 3 国際公会計基準における負債 ………………………… *130*
  (1) 負債の認識 …………………………………………… *130*
  (2) 負債の種類 …………………………………………… *130*
 4 国際公会計基準における収益 ………………………… *133*
  (1) 収益の認識 …………………………………………… *133*
  (2) 収益の種類 …………………………………………… *134*
  (3) 租税の認識 …………………………………………… *135*
 5 国際公会計基準における費用 ………………………… *135*
  (1) 費用の定義 …………………………………………… *135*
  (2) 費用の分類 …………………………………………… *136*

第7章 各国の地方公会計改革（アメリカ・イギリス・ドイツ・フランス・ニュージーランド）…………… *139*

 1 アメリカの地方公会計改革 …………………………… *140*
  (1) アメリカの会計基準設定主体 ……………………… *140*
  (2) 地方公会計改革の経緯 ……………………………… *140*
 2 イギリスの地方公会計改革 …………………………… *146*
  (1) イギリスにおける地方公会計改革の経緯と基準設定主体 …… *147*
  (2) 地方公会計の現状 …………………………………… *148*
 3 フランス，ドイツ，ニュージーランドの地方公会計改革 ……… *151*
  (1) フランスの地方公会計改革 ………………………… *151*
  (2) ドイツの地方公会計改革 …………………………… *152*
  (3) ニュージーランドの地方公会計改革 ……………… *154*

 参考文献 ……………………………………………………… *157*
 索引 …………………………………………………………… *159*

自治体における公会計改革の背景

自治体における公会計改革（以下，「地方公会計改革」）は，総務省研究会による2000（平成12）年3月の『地方公共団体の総合的な財政分析に関する調査研究会報告書』において示されたバランスシート等の作成モデルによって，全国的な広がりをみせるようになった。そして，『東京都会計基準（2005（平成17）年8月）』の公表，2006（平成18）年の同省による『新地方公会計制度研究会報告書』，続いて2007（平成19）年11月の『新地方公会計制度実務研究会報告書』などにより新たな局面に入ろうとしている。
　公会計改革に限らず，「制度改革」の背景を理解するに当たっては，歴史的視点，社会経済的変化への対応の視点，そして，国際的視点という3つの視点を踏まえた整理をしておくことが有意義である。

1　地方公会計制度改革の歴史的視点

(1) 地方公会計改革の黎明期

　官庁会計と呼ばれる自治体の会計について，その特徴を列挙していけば，「単式簿記に基づく現金主義会計であり，歳入・歳出のみの収支会計であって，単年度会計」となる。こうした制度について，古くは，1962（昭和37）年3月の地方財務会計制度調査会の答申において，「現金の収支に比べ財産・物品・債権債務の管理が不当に軽視されており，かつ日々の記録が不完全で会計責任が果たされていない」などの指摘が行われている。同答申では，この他にも，監査委員制度の改革など重要な論点が指摘され，これら論点は，1963（昭和38）年度の地方自治法大改正において盛り込まれている。しかし，自治体会計改革についての指摘は実現せず，それが，ほぼ40年以上を経た今でも，自治体会計の課題として認識されているのが現状である。
　この長い時間の中で，何度か，地方公会計改革の動きがあったのも事実である。その黎明期ともいえる取り組みでは，1987（昭和62）年度，熊本県が当時の細川知事のときに，「バランスシート」，「収支計算書」を公表してい

る。その後，1990年代に入ると，三重県，そして大分県臼杵市などの先進自治体が次々とバランスシート，収支計算書を作成している。いずれの動きも，それぞれの首長のイニシアチブによるものではあったが，行政評価の導入などアカウンタビリティの改革を進めていく動きとともに，全国の自治体に伝播していった。その動きが，さらに全国的なものとなるのが，2000（平成12）年3月，総務省が公表した報告書『地方公共団体の総合的な財政分析に関する調査研究会報告書』である。同報告書により，いわゆる「総務省方式」によるバランスシートと行政コスト計算書の作成が全都道府県，および，多くの基礎自治体に拡大していった。なお，自治体の動きとは別に，国においては，2004（平成16）年6月に財政制度等審議会による『省庁別財務書類の作成基準』が公表され，国の貸借対照表の公表が行われている。

(2) 資産・債務改革に資する公会計改革

こうした自治体と国の動きの中で，公会計制度改革が転機を迎えたのは，2005（平成17）年12月の閣議決定「行政改革の基本方針」（以下，「基本方針」という）と2006（平成18）年3月の法律「簡素で効率的な政府を実現するための行政改革の推進に関する法律（平成18年法律第47号）」（以下，「行政改革推進法」という）である。

行政改革の基本方針（平成17年12月24日閣議決定）

> 5　政府資産・債務改革
> 　(5) 地方における取組
> 　　地方においても，国と同様に資産・債務改革に積極的に取り組む。各地方公共団体の資産・債務の実態把握，管理体制状況を総点検するとともに，改革の方向と具体的施策を明確にする。総務省は，各地方公共団体と協議しつつ，目標と工程表の作成などの改革を推進するよう要請する。

行政改革推進法　第62条

（地方公共団体における取組）
第六十二条　地方公共団体は，第五十八条から第六十条までの規定の趣旨を踏まえ，その地域の実情に応じ，次に掲げる施策を積極的に推進するよう努めるものとする。
一　当該地方公共団体の資産及び債務の実態を把握し，並びにこれらの管理に係る体制の状況を確認すること。
二　当該地方公共団体の資産及び債務に関する改革の方向性並びに当該改革を推進するための具体的な施策を策定すること。
2　政府は，地方公共団体に対し，前項各号の施策の推進を要請するとともに，<u>企業会計の慣行を参考とした貸借対照表その他の財務書類の整備に関し必要な情報の提供，助言その他の協力を行うものとする。</u>

（下線は筆者）

　まず，基本方針では，自治体に対して，資産・債務の実態把握と資産・債務改革の取り組みが明確に求められるようになる。続いて，行政改革推進法では，資産・債務改革の法律的位置づけに加えて（第62条第1項），同上第2項において，「企業会計の慣行を参考とした貸借対照表その他の財務書類の整備」として，公会計改革の推進が法律によって位置づけられることとなる。したがって，今般の自治体公会計改革において，「資産・債務改革の推進」という導入目的が底流にあること，そして，その目的達成のために改革のスケジュールなどが設計されていることも理解をしておくべきであろう。

　資産・債務改革に資する公会計改革の流れが加速化したことを受けて，総務省では，2006（平成18）年4月に，「新地方公会計改革制度研究会」を発足させ，1ヶ月後の5月には，同研究会報告書を公表し，基準モデルおよび総務省方式改訂モデルによる財務書類4表の作成手順を提示する。

　さらに，2006（平成18）年7月の「経済財政運営と構造改革に関する基本的方針2006」（平成18年7月7日閣議決定），いわゆる「骨太の方針2006」で

は，資産・債務改革の具体的な取り組みについて，「資産圧縮」を自治体に要請し，加えて，「資産・債務の管理に必要な公会計制度の整備」が改めて強調された。これらの動きを総括し，2006（平成18）年8月31日の総務事務次官通知「地方公共団体における行政改革の更なる推進のための指針」では，「地方公会計改革（地方の資産・債務管理改革）」として，公会計の整備と期限が示され，加えて，資産・債務管理の具体的な取り組みが提示されている。

「経済財政運営と構造改革に関する基本的方針2006」（平成18年7月7日閣議決定）

財政健全化への取組

1　歳出・歳入一体改革に向けた取組
(3)　改革の原則と取組方針
原則6　「資産圧縮を大胆に進め，バランスシートを圧縮する」
・最大限の資産売却を進める。資産売却収入は原則として債務の償還に充当し（ストックはストックへ），債務残高の縮減に貢献する。また，資産債務を両建てで縮減し，金利変動リスクを軽減する。地方にも同様の改革を要請する。

2　「簡素で効率的な政府」への取組
・資産・債務の管理に関し，政府においてこれまでに整備されてきた財務書類の一層の活用を図るとともに，国，地方，独立行政法人等の財務情報の整備を一体的に推進する。

（特別会計改革の推進等）
・公会計制度について複式簿記のシステム化の検討を行うなどその整備を促進するとともに，財務書類の公表を迅速化させ分析・活用を図る。地方には，国の財務書類に準拠した公会計モデルの導入に向けて，団体規模に応じ，従来型モデルも活用しつつ，計画的に整備を進めるよう要請する。

（下線は筆者）

地方公共団体における行政改革の更なる推進のための指針（平成18年8月31日総務事務次官通知）

> 第3　地方公会計改革（地方の資産・債務管理改革）
> 　地方公共団体における公会計改革及び資産・債務改革については，行政改革推進法及び「基本方針2006」を踏まえ，各団体において，以下の項目について取り組みを行うこと。
> 1　公会計の整備
> 　　（前段　省略）
> 　以上を踏まえ，地方公共団体においては，「新地方公会計制度研究会報告書」が示すように，原則として国の作成基準に準拠し，<u>発生主義の活用及び複式簿記の考え方の導入を図り，貸借対照表，行政コスト計算書，資金収支計算書，純資産変動計算書の4表の整備を標準形とし，地方公共団体単体及び関連団体等も含む連結ベースで，「地方公共団体財務書類作成にかかる基準モデル」又は「地方公共団体財務書類作成にかかる総務省方式改訂モデル」を活用して，公会計の整備の推進に取り組むこと。</u>その際，取り組みが進んでいる団体，都道府県，人口3万人以上の都市は，3年後までに，取り組みが進んでいない団体，町村，人口3万人未満の都市は，5年後までに，4表の整備又は4表作成に必要な情報の開示に取り組むこと。
> 　　（後段　省略）
> 2　資産・債務管理
> 　　（前段　省略）
> 　以上を踏まえ，各地方公共団体においては，財務書類の作成・活用等を通じて資産・債務に関する情報開示と適正な管理を一層進めるとともに，国の資産・債務改革も参考にしつつ，未利用財産の売却や資産の有効活用等を内容とする資産・債務改革の方向性と具体的な施策を3年以内に策定すること。

（下線は筆者）

確かに，累増する国・自治体の債務の現状をみると，毎年のフローの管理，すなわち予算上における収支を厳格に管理していくことは当然である一方で，資産を売却することによって債務を圧縮するというストックの改革が求められる。実際，1980年代，イギリスの行政改革において最初に取りかかったのは，国の不良資産を売却していくこと，すなわち，国の赤字の源である国有企業を売却して，その民営化益を債務の圧縮に充てることであった。これをわが国自治体に即していえば，バブル崩壊以降，第三セクターなどの出資が劣化していないか，保有する土地・建物などの資産について売却可能なのかどうかなど保有状況を把握することが，まず求められるということになる。一方で，地方債残高に加えて，昨今問題になりつつある退職金支払などの債務や第三セクターへの損失補償などの債務負担行為といった債務全体の姿をとらえることが求められている。

2 社会経済的変化への対応の視点

次に，公会計改革の背景として，社会経済的変化への対応の視点について説明する。社会経済的変化とは，以下に整理するように，広範な視点である。そして，人口構造の変化，産業構造の変化，生活状況等の変化，中央政府－地方政府関係の変化は，すべて，1990年代後半からの地方分権改革，行政経営改革の背景になっている事項であろう。

社会経済的変化
- 人口構造の変化
- 産業構造の変化
- 生活状況等の変化
- 中央政府－地方政府関係の変化
- ヒト，モノ，カネのストック・サイクルの変化

そこで，ここでは，地方公会計改革に直接関係がある事項として，前述した資産・債務改革の点から，「ヒト，モノ，カネのストック・サイクルの変化」について説明する。

　これら3つのストックについて自治体は，今後10年から20年の間に，これまでにない経験をすることになる。ヒトのストック・サイクルとして，短期的には，2007（平成19）年から始まり3年間続く団塊の世代の大量退職を指す。中長期的には，人口減少・少子高齢社会への移行という人口構造の変化を指している。ヒトのストック・サイクルを自治体財政にかかるストレス（カネのストック・サイクル）からみれば，団塊世代の大量退職による退職金支出の増大となって現実に現れている。一方，人口構造の変化は，税収減少・扶助費等の増加となって現れる可能性がある。さらに，退職金支出の点では，退職金の要支払額を事前に確保できていない自治体が多く，そのような場合，「退職手当債」という借金に頼ることになり，公債費の増加となって毎年度の収支をより厳しくしていく要素となる。今般の地方公会計改革では，こうした退職金にかかる債務について，バランスシートの負債の部で，「退職手当引当金」という勘定によって将来的に求められる支払債務を可視化し，一方で，資産の部で「退職金支払目的基金」を計上して，退職金支払に備えた資金が確保されていることを明確化しようとしている。

　次に，モノのストック・サイクルとは自治体の施設やインフラ資産などの実物資産の劣化を指す。公共施設の耐用期間は，耐火建築でも50年前後といわれる。実際に，自治体においては，福祉行政や環境行政などの事務事業が拡大基調にあった昭和40年代，すなわち，1965～1974年頃に建築された建物が多い。1960年代から70年代の施設が大規模更新期を迎えるのが，その40年から50年経過ということを考えれば，単純計算しても，2005年～2025年という時期に当たる。まさに，現在は，その更新期にあるといえよう。一方で，道路や橋というインフラ資産についても，大体50年で更新投資の時期を迎えるといわれる。実際に，東京オリンピック（1964（昭和39）年）のころに集中的につくられた道路や橋が，そろそろ更新投資の時期を迎えるのではない

●図表1-1　インフラ資産の維持管理・更新投資のシミュレーション

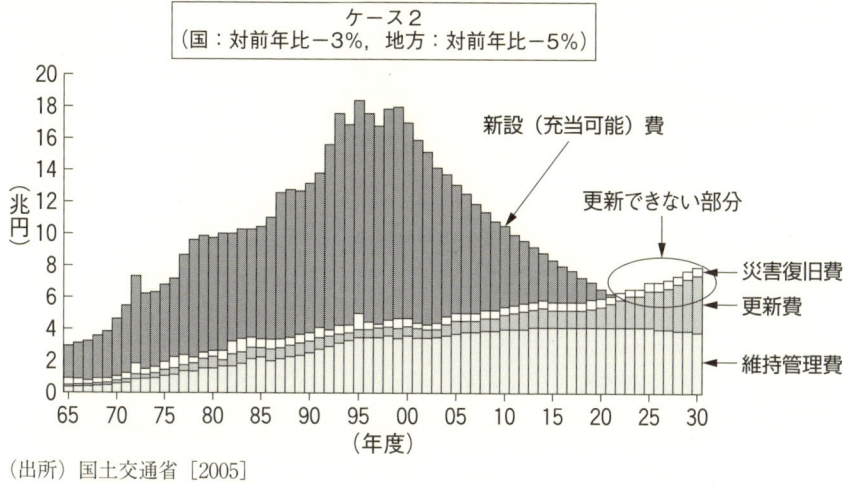

（出所）国土交通省［2005］

か。**図表1-1**は，国土交通省による推計値であるが，財政的に厳しい推計をした場合，2020年ぐらいで公共投資の3分の2は更新投資に振り替わり，新規投資に割り当てられる財源は少なくなってくるという推計になる。すなわち，今後10〜20年くらい先に，社会資本をはじめとするストックが耐用年数を迎える中で，維持管理費のみで公共投資の大半が占められてしまい，新規投資はおろか，更新投資も十分にできなくなってくるという「カネのストック・サイクル」が顕在化する可能性がある。

こうした推計値を目の前にして考えるべきは，第1に，資産の劣化を最小限に食い止めるための方策であり，第2に，これら資産が造られた40年から50年前と明らかに異なる少子高齢社会という人口構造の変化に即した再投資をどうするか，という政策決定であろう。第1の視点は，資産管理をより効率的にするために，資産の詳細な情報を把握する必要性・緊急性を示唆する。第2の視点は，現有の自治体施設やインフラ資産について，その更新投資理由を明確にするための政策評価情報の充実，すなわち，政策評価システムの導入・活用を示唆する。

3 国際的視点

(1) 各国の公会計改革の現状

　最後に，国・地方の公会計改革の背景として，国際的視点について説明する。

　ここで，「現金主義会計から発生主義会計への移行」を公会計改革の定義とし，その進捗を見れば，各国の状況は**図表1-2**のとおりである。

　自治体については，2000（平成12）年時点の国際会計士連盟・公会計委員会による報告書によると，図表1-2の国々のほかに，イタリア（自治体），オーストラリア（連邦政府，州政府，自治体），オランダ（国，自治体），スイス（自治体），スウェーデン（国，自治体）などの国々が公会計改革を進展させてきている。

　なお，有形固定資産の再評価などの観点から，上記の国々を含む各国の私企業の会計規定と国・自治体の会計規定とを比較した研究によれば，当該観点についての私企業と国・自治体の会計規定がほぼ同じであることが示されている。これは，同一国内では会計のバックグラウンドが同じであることによるものと考えられる。たとえば，英国では，国の会計マニュアル（Resource Accounting Manual 2001）において，「パブリック・セクターにとって意義があり，かつ適切な範囲において英国GAAP（Generally Accepted Accounting Principle：一般的に認められた会計基準）に従う」と述べられ

●図表1-2　世界各国における公会計改革の進捗状況

国　名	進捗状況
ニュージーランド	1989年に，国，自治体ともに発生主義会計を導入
イギリス	1993年に自治体，1999年に国が発生主義会計を導入
アメリカ	1997年に連邦政府，2001年に州政府，自治体が発生主義会計を導入
フランス	1997年に自治体，2006年から国が発生主義会計を導入

ているように，各国固有の歴史的経緯と文化的背景を有し形成されてきた企業会計のGAAPにそれぞれの国・自治体の会計基準が依拠しているということである（石田［2006］pp.52-53）。

(2) 国際公会計基準の策定

さて，民間企業会計に目を転ずれば，経済のグローバル化の進展などに伴い，「国際会計基準（International Financial Reporting Standards：IFRS）」への収れん（コンバージェンス）・採用（アドプション）が進められようとしている。

こうした動きの中で，公的部門の国際的な会計基準については，国際会計士連盟（International Federation of Accountants：IFAC）の国際公会計委員会（Public Sector Committee：PSC，2004年以降は，国際公会計基準審議会（International Public Sector Accounting Standards Board：IPSASB））において，「国際公会計基準（International Public Sector Accounting Standard：IPSAS」の策定作業が進められてきた。さらに，国際公会計基準審議会では，中央政府，広域政府（regional government；州や都道府県など），地方政府（local government；市町村など）および，その他政府関係の出資法人を対象として，国際会計基準をもとにした国際公会計基準策定を進めながら，各国の公会計についての研究活動に取り組んでいる。

国際公会計基準の位置づけは，「公的部門の主体のための一連の奨励すべき会計基準」である。国際公会計基準は採用を強制されるものではないが，採用することによって，世界各国の公的部門により報告される財務情報の質と比較可能性の向上に役立つと考えられるものであり，現在，**図表1－3**に示す基準が公表されている。

この他，国際公会計基準審議会は，公的部門の財務報告，会計および監査に関し，遵守されるべき実務について，その勧告をする「実務指針（International Public Sector Guidelines）」，「研究報告（International Public Sector Studies）」を順次刊行している。国際公会計基準が各会計項目固有の

●図表1-3　国際公会計基準一覧（2008年2月まで）

番　号	タイトル
【現金主義会計に係る国際公会計基準】	
現金主義会計による財務報告	
【発生主義会計に係る国際公会計基準】	
	国際公会計基準の趣意書
第1号	財務諸表の表示
第2号	キャッシュ・フロー計算書
第3号	期間純余剰（欠損），重大な誤謬および会計方針の変更
第4号	外国為替レートの変動の影響
第5号	借入費用
第6号	連結財務諸表及び被支配主体に対する会計処理
第7号	関係会社に対する投資の会計処理
第8号	ジョイントベンチャーに対する持分の変更
第9号	交換取引による収益
第10号	超インフレ経済下における財務報告
第11号	工事契約
第12号	棚卸資産
第13号	リース
第14号	後発事象
第15号	金融商品：開示及び表示
第16号	投資不動産
第17号	有形固定資産
第18号	セグメント情報
第19号	引当金，偶発債務及び偶発資産
第20号	関連当事者情報
第21号	非資金生成資産の減損
第22号	一般政府部門に関する財務情報の開示
第23号	非交換取引から生ずる収益
第24号	財務報告書における予算情報の提供
第25号	従業員給付
第26号	資金生成資産の減損

技術的な細目を取り扱うのに対して，研究報告は，その多くが，公会計原則に関連する実務を取り扱っている。

　なお，国際公会計基準の詳細については，第6章で説明する。

第2章

地方公会計の現状と課題

「公会計」とは何か，「地方公会計」の目指すところ（意義と機能）は何かについて，共通の理解をもちつつ，地方公会計改革は進めていくべきである。公会計改革を理解する際のキーワードとして，「複式簿記／発生主義」および，「公的アカウンタビリティ」がある。これらは，何を意味しているのか，ということについては，いずれも，深遠なテーマであるが，ここで整理しておくことが必要である。そのうえで，地方公会計の現状と課題を解説する。

1　地方公会計の意義と機能

(1) 公会計の意義

　そもそも，「公会計」とは，何を指すのであろうか。この問に答えるためには，会計をどのように分類し，その分類によって，公会計がどこに位置づけられるか，というアプローチによることが最も理解しやすいであろう。

1）マクロ会計とミクロ会計

　まず，経済活動全体を考察するのか，個別の経済主体を考察するのかという観点から，前者をマクロ会計，後者をミクロ会計という。マクロ会計には，国民経済計算（新SNA：System of National Account）が挙げられる。国民経済計算は，国際連合が示す基準に従って，世界各国がなるべく相互比較が可能なかたちで，それぞれの経済の毎年の循環の姿を体系的に明らかにすることを目的にする統計である。5つのサブシステムとして，①国民所得勘定，②産業連関表，③国際収支，④資金循環勘定，⑤国民貸借対照表を有する。これに対して，ミクロ会計は，国や自治体と個別の経済主体を対象とする会計である。したがって，公会計は，ミクロ会計である。

2) パブリック・セクターという領域

次に，対象とする領域という観点からみると，公会計は，公的部門（パブリック・セクター）を対象とする会計となる。ここで，パブリック・セクターには，国と自治体の他に，公企業が含められる。さらに，公企業は，国の各省庁が設置または出資する法人である「公社，公団，公庫，事業団等の各設置法に基づく法人，独立行政法人」などを意味し，自治体が設置または出資する法人としては，地方公営企業に加えて，いわゆる三公社である土地開発公社，地方道路公社，地方住宅供給公社，その他の各公社，地方独立行政法人を意味することになる。

公会計が対象とする領域について，さらに，非営利組織を広く含める見方もある。すなわち，公益法人，学校法人，社会福祉法人，宗教法人，医療法人，特定非営利活動法人などを含める考え方である（亀井［2008］28-32頁）。

(2) 地方公会計の意義と機能

次に，公会計の中で，本書の主題である地方公会計について，その意義と機能を整理すると，次のようになろう。

1) 地方公会計の意義

まず，地方公会計の意義は，「自治体の利害関係者に対して，経済的・社会的・政治的な意思決定と，合規性または準拠性，経済性・効率性および有効性に関する説明責任の評価に役立つ情報を提供すること」である（隅田［2001］13頁）。利害関係者とは住民，議会であり，時に，債権者や地方債などの投資家，さらには，マスコミなども含められる。企業会計であれば，利害関係者は債権者および株主であり，それから投資家となるが，自治体の「利害関係者」は，上記のように広く拡大されてくることになる。ここで重要な言葉としては，「意思決定に役立つ情報」，「合規性または準拠性に関する説明責任の評価に役立つ情報」，そして，「経済性・効率性および有効性に関する説明責任の評価に役立つ情報」という3点になる。そして，この3点

こそが，地方公会計制度を構築していく際の要点となる部分である。

2) 地方公会計の機能：「測定」と「伝達」

次に，地方公会計の機能とは何かといえば，「測定」と「伝達」である。地方公会計で「測定」とは，「一定期間における自治体の資源のフローと一定時点におけるストックに数字を割り当てること」である。そして「伝達」とは「情報利用者の意思決定や行動に影響を与えることを意図して情報を伝達するプロセス」である（隅田［2001］13頁）。さらに，進めていえば，情報利用者の意思決定や行動に影響を与えることを意図することが地方公会計の機能である限り，情報利用者の意思決定，行動に影響を与えることを考えない情報提供は今般の地方公会計改革には関係ないということになる。すなわち，限られた資源の中で情報を収集し加工する目的は，その情報利用者の意思決定や行動に影響を与えることである。なお，これは恣意的に影響を与えるという意味ではなくて，影響を与えることのできる情報をしっかりと収集し，加工し，整理すべきという意味である。

3) 地方公会計の領域

前述の公会計の領域と同様，地方公会計の領域は，地方自治法の区分でいえば，一般会計，特別会計となる。特別会計は，公営事業会計と公営事業会計に属さない特別会計とに分けられる。さらに，公営事業会計は，公営企業会計と公営企業会計に属さない公営事業会計に分けられる。また，一般会計と特別会計のうち公営事業会計に属さない特別会計を純計した会計として，統計上の区分である「普通会計」が存在する（図表2-1）。

なお，図表2-1の中でも，制度会計上は，会計基準として地方自治法，地方財政法に準拠する会計（官庁会計）と地方公営企業法に準拠する会計（公営企業のうち法適用事業）があり，さらに，地方独立行政法人や第三セクターでは，それぞれ異なる会計の根拠法令および基準によって会計および開示が行われているのが現状である（図表2-2）。

●図表2-1　地方公会計の領域

会計区分	統計区分	説明および内訳	新SNA区分
一般会計 特別会計	普通会計	一般会計と特別会計（公営事業会計を除く）を合わせた会計であり、自治体の会計の太宗	以下該当に ○
	公営事業会計 （公営企業会計以外）	・収益事業会計（宝くじ，競馬，競輪等） ・国民健康保険事業会計 ・老人保健医療事業会計 ・公益質屋事業会計 ・農業共済事業会計 ・交通災害共済事業会計 ・公立大学附属病院事業会計 ・介護保険事業会計	○ ○ ○ ○
	公営事業会計 （公営企業会計）	公営企業法適用事業 　　上水道事業（簡易水道除く），工業用水道，交通（軌道・自動車・鉄道等）事業，電気事業，ガス事業，病院事業等 公営企業法非適用事業 　　交通（船舶運航）事業，簡易水道事業，港湾整備事業，市場事業，観光施設事業，宅地造成事業，下水道事業，駐車場整備事業，有料道路事業等	病院事業と駐車場整備事業が新SNA区分該当

●図表2-2　経済主体・会計区分における根拠法令および基準

経済主体	会計区分	会計の根拠法令および基準
自治体	普通会計	地方自治法，地方財政法
	公営企業会計（法非適用）	地方自治法，地方財政法
	公営企業会計（法適用）	地方公営企業法
非営利組織	地方独立行政法人	地方独立行政法人会計基準
	公益法人	公益法人会計基準
	社会福祉法人	社会福祉法人会計基準
	学校法人	学校法人会計基準
	三公社（土地開発公社ほか）	各設立法
営利組織	株式会社	会社法，企業会計原則等

● 図表 2-3　自治体財政健全化法による財務分析対象

大分類	中分類	小分類	事業	普通会計①	地方公共団体全体（単体）②	連結
一般会計等	一般会計			↑	↑	↑
一般会計等	一般会計等に属する特別会計		公債管理			
一般会計等	一般会計等に属する特別会計		母子寡婦福祉資金貸付			
一般会計等	一般会計等に属する特別会計		勤労者福祉共済			
一般会計等	一般会計等に属する特別会計		その他事業			
公営事業会計	一般会計等以外の特別会計のうち公営企業に係る特別会計以外の特別会計		国民健康保険	↓		
公営事業会計	一般会計等以外の特別会計のうち公営企業に係る特別会計以外の特別会計		介護保険			
公営事業会計	一般会計等以外の特別会計のうち公営企業に係る特別会計以外の特別会計		後期高齢者医療			
公営事業会計	一般会計等以外の特別会計のうち公営企業に係る特別会計以外の特別会計		農業共済			
公営事業会計	一般会計等以外の特別会計のうち公営企業に係る特別会計以外の特別会計		老人保健医療			
公営事業会計	一般会計等以外の特別会計のうち公営企業に係る特別会計以外の特別会計		介護サービス			
公営事業会計	一般会計等以外の特別会計のうち公営企業に係る特別会計以外の特別会計		駐車場			
公営事業会計	一般会計等以外の特別会計のうち公営企業に係る特別会計以外の特別会計		交通災害共済			
公営事業会計	一般会計等以外の特別会計のうち公営企業に係る特別会計以外の特別会計		公営競技			
公営事業会計	一般会計等以外の特別会計のうち公営企業に係る特別会計以外の特別会計		公立大学付属病院			
公営事業会計	一般会計等以外の特別会計のうち公営企業に係る特別会計以外の特別会計		有料道路			
公営企業会計	公営企業に係る会計（地方公営企業法を適用する事業または地方財政法施行令第37条の事業）	法適用企業	水道事業			
公営企業会計	公営企業に係る会計（地方公営企業法を適用する事業または地方財政法施行令第37条の事業）	法適用企業	工業用水道			
公営企業会計	公営企業に係る会計（地方公営企業法を適用する事業または地方財政法施行令第37条の事業）	法適用企業	軌道			
公営企業会計	公営企業に係る会計（地方公営企業法を適用する事業または地方財政法施行令第37条の事業）	法適用企業	自動車運送			
公営企業会計	公営企業に係る会計（地方公営企業法を適用する事業または地方財政法施行令第37条の事業）	法適用企業	鉄道			
公営企業会計	公営企業に係る会計（地方公営企業法を適用する事業または地方財政法施行令第37条の事業）	法適用企業	電気			
公営企業会計	公営企業に係る会計（地方公営企業法を適用する事業または地方財政法施行令第37条の事業）	法適用企業	ガス			
公営企業会計	公営企業に係る会計（地方公営企業法を適用する事業または地方財政法施行令第37条の事業）	法適用企業	病院			
公営企業会計	公営企業に係る会計（地方公営企業法を適用する事業または地方財政法施行令第37条の事業）	法適用企業	その他法適用事業			
公営企業会計	公営企業に係る会計（地方公営企業法を適用する事業または地方財政法施行令第37条の事業）	法非適用企業	簡易水道			
公営企業会計	公営企業に係る会計（地方公営企業法を適用する事業または地方財政法施行令第37条の事業）	法非適用企業	船舶運航			
公営企業会計	公営企業に係る会計（地方公営企業法を適用する事業または地方財政法施行令第37条の事業）	法非適用企業	港湾整備			
公営企業会計	公営企業に係る会計（地方公営企業法を適用する事業または地方財政法施行令第37条の事業）	法非適用企業	市場			
公営企業会計	公営企業に係る会計（地方公営企業法を適用する事業または地方財政法施行令第37条の事業）	法非適用企業	と畜場			
公営企業会計	公営企業に係る会計（地方公営企業法を適用する事業または地方財政法施行令第37条の事業）	法非適用企業	宅地造成			
公営企業会計	公営企業に係る会計（地方公営企業法を適用する事業または地方財政法施行令第37条の事業）	法非適用企業	下水道			↓ ③
公営企業会計	公営企業に係る会計（地方公営企業法を適用する事業または地方財政法施行令第37条の事業）	法非適用企業	観光施設			
一部事務組合・広域連合						
地方3公社（土地開発公社, 地方道路公社, 住宅供給公社）地方独立行政法人　第三セクター等（会社法法人, 財団法人, 社団法人等）						↓ ④

（出　所）日本公認会計士協会［2008］11頁掲載図表に一部加筆。
（筆者注）①実質赤字比率の対象，②連結実質赤字比率の対象，③実質公債比率の対象，④将来負担比率の対象
　　　　　「連結」とは，連結財務書類における連結対象

さらに、自治体の財務分析は、これまで、主に普通会計を対象に行われている。翻って、後述する「自治体財政健全化法」が本格施行される2009（平成21）年度からは、**図表2－3**に示す普通会計および公営事業会計のすべての会計に加えて、一部事務組合、地方独立行政法人、第三セクター等も分析の対象となる（財務分析については、第5章を参照）。

2 認識基準（会計の基礎）：現金主義と発生主義

公会計改革とは何か、という定義には、「現金主義会計から発生主義会計への会計方式の移行」を採用する例が多い。事実、国際的に公会計改革の進捗を測るときに、この定義が使われている。

ここで、現金主義、発生主義とは、「認識基準（会計の基礎）」を指している。公会計改革とは、すなわち、認識基準として「現金主義」を採る官庁会計を、「発生主義」を認識基準として採用すること、となる。

いずれの認識基準も、「事象・取引等の認識の時点」および「測定の対象」の2つの側面から定義されている（**図表2－4**）。現金主義とは、現金に測定の焦点を当てて、現金が変動した時にその増加・減少と残高を把握する。したがって測定の対象となるのは現金のみであるから、資産、負債といったストック情報は把握できず、現金の入出金のみの測定であるため、収

●図表2－4　現金主義と発生主義

認識基準	事象・取引等の認識の時点	測定の対象(B/S計上項目)
現金主義	入金・出金の時点	現預金のみ
発生主義	事象または取引の発生時	経済資源

（注）経済資源：報告主体が管理し、支配するすべての財務的・非財務的資源のことであり、一般に貸借対照表上に計上されるすべての資産・負債をいう。
　　　財務資源：経済資源のうち現預金を中心とした資金及びこれに準ずる現金同等物を含む資産・負債をいい、報告主体の支払能力・財務の安定性をみるための指標

益・費用といったフロー情報も把握できない。

　一方で，発生主義とは，すべての経済資源，すなわち，現金預金，有形固定資産，投資等，退職給付引当金，長期借入金などに焦点を当てて，これら経済資源が変動した時に，その増減と残高とを把握する。

　したがって，発生主義を採用することによって，財務諸表の5つの要素である，資産，負債，純資産，収益，費用が認識・測定されることになり，ここに，貸借対照表，行政コスト計算書，純資産変動計算書，資金収支計算書の財務書類4表の作成が可能になる。

　次に，現金主義と発生主義，それぞれのメリットとデメリットを整理してみよう。

　まず，国や自治体で現金主義が採用されてきた理由は，租税が取りも直さず現金であって，その租税の徴収権限と支出権限を議会が統治者に付与するために予算が作成されてきたからである。したがって，現金主義による財務書類は，議会が承認した予算への準拠性を決算の形で議会に説明することができ，かつ，現金支出の統制に有利である，というメリットがある。また，現金主義の下では，専門的な会計知識を必要としないことから，情報利用者にとって理解可能性が高い。そして，現金主義は，「現金」という実体に基づいて，すなわち，客観的な事実に基づいて会計記録をしていくために，会計数値への判断を要しない。言い換えれば，恣意性の入る余地がないという意味で，客観性に優れているといえるだろう。

　一方で，現金主義では，測定の対象が現金に限られるため，資産情報，負債情報というストック情報に欠けるため，一定時点での財政状態（financial position）を評価できないこと，一定の報告機関における収益，費用というフロー情報の提供ができないために，財務業績（financial performance）を示すことができない。それがゆえに，コスト情報を基にした経済性，効率性，有効性（これらの用語については第3章を参照）の点から評価をするための情報を提供できないことになる。

●図表2-5 発生主義に対する批判への反論(石田［2006］)

米国政府会計基準審議会（GASB）の批判	左の批判への反論（石田）
①現金を払った者と受けるサービスとの間に直接的な関係がない以上，収益と費用の対応関係は存在せず，収益と費用を対応させる意味もない。	①利益獲得を目的としない地方政府等では，（中略）収益と費用を対応させることの意味は，当期の費用をまかなうのに十分な当期の収益があったか否かを測ることにある。言い換えれば，当期のサービス提供コストを現在世代がどの程度負担するかを明らかにすることにある。
②固定資産の減価償却，費用の繰延の計算等，発生主義会計導入にかかる時間とコストは多大であるが，そこから得られる便益が少ないこと	②発生主義会計導入による便益は，会計情報がアカウンタビリティの評価や意思決定にどの程度利用されるかにより大きく左右される。（中略）発生主義会計導入による便益およびコストは，導入する環境により流動的である。
③発生主義会計により示されるのはサービスの集約されたコストであり，特定の機能または活動のコストほど重要ではないこと	③活動報告書で示される政府全体のコストは，収益と対比することにより世代間の負担割合を明らかにし，結果として政府全体の財政状態が悪化したのか改善したのかを示すものとして重要である。
④経済資源を測定の焦点とした場合には，支出の決定に関し必要な情報を提供しないこと	④債権債務のより包括的な情報は，キャッシュ・フローの予測に役立ち，現金不足額の予測等を可能にし，購入計画の見直しなどの意思決定に役立つ。
⑤政府の持つ固定資産の多くは比較的長期間保有し，かつインフレーションの影響等から，固定資産を歴史的原価で減価償却することは，予算目的にとって適さないばかりでなくサービスコストの測定にとっても適さないこと	⑤地方政府等が減価償却を行う意義は，世代間の負担を明らかにすることである。減価償却は，固定資産の取得に要した現金支出額を全て支出時の費用とするのではなく，固定資産の使用による用役の提供を受けた世代に，発生した費用を負担させる。

(出所) 石田［2006］32～35頁の記述を基に筆者作成。

以上の点から，現金主義は，そのメリットを評価しつつも，その限界をみる限り，15頁に示した地方公会計の意義には即しておらず，機能の点からも不十分であるということになる。

　翻って，発生主義会計は，国際会計士連盟の研究報告書第14号において，「発生主義会計に基づき作成される自治体等の財務報告では，財務報告の利用者は，①実体（entity）の監理するすべての資源のアカウンタビリティを評価でき，②実体の財政状態，財務業績，キャッシュフローを評価でき，③実体に資源を提供，または，実体と共同で事業を行うことについての意思決定を行うことが可能になる」と述べているところである。すなわち，現金主義会計のデメリットを克服することになる。

　一方で，現金主義会計から測定の焦点を経済資源におく発生主義会計への移行についての批判として，米国政府会計基準審議会（GASB：第7章参照）から5点が挙げられ，当該の批判に対して，石田［2006］は，**図表2－5**に整理するように反論を試みている。

3　公的アカウンタビリティ

(1) 受託責任と説明責任

　これまで「説明責任（アカウンタビリティ）」という言葉を使ってきたが，ここで，受託責任（スチュワードシップ）とともに，その概念を説明する。

　国民・住民と政府・自治体との関係は，信託者，受託者の関係である。国民・住民は自らの財産権の一部を租税というかたちで受託者たる政府・自治体に信託し，政府・自治体に受託責任が発生することになる。ここで受託責任とは，「受託した資産が受託以外の目的に流用されていない事実」を示すことである。それでは，受託とは何かといえば，国民・住民が指定する受益者，すなわち，自らと自らの将来世代を受益者と指定して，当該受益者に対してその財産を保全し，効率的に有効的に活用し公共サービスを提供すると

いうことに他ならない。

　次に,「説明責任（アカウンタビリティ）」であるが,この言葉の根幹にある「アカウント」とは,日本語で「勘定」と訳される。勘定とは,責任の場を示している。ここから,受託責任の発生から解除に至るまでの過程を,責任の場である勘定（アカウント）を用いて体系的に説明することが「会計（アカウンティング）」であり,そして受託責任の発生から解除に至る過程を勘定（アカウント）を用いて説明する行為が「説明責任（アカウンタビリティ）」である。さらに,説明責任の解除を行うのが「監査」ということになる。

(2) 公的アカウンタビリティ

　さて,そのアカウンタビリティを果たそうとしたときに,財務情報が果たして説明責任の点で十分なのかどうかという点から現金主義会計をみると,現金の出入り額と残高だけが説明責任の対象になるため,説明責任の点で不

●図表2-6　公的アカウンタビリティ

① 期間衡平性の遵守
行政サービスコストの期間移転を原則禁止すること。当該年度の収入は当該年度のサービスコストを賄うのに十分であったかどうかを明らかにする情報を提供することが求められること。
② 予算への準拠
わが国の地方自治法における「均衡予算規定」に見られるように,予算は,①の期間衡平性の確保を誘導・支援する法的システムであること。当該予算に準拠して資源が調達され,利用されているかどうかを明らかにし,また,財政関連法規等が遵守されているかどうかを明らかにする情報を提供しなければならないこと。
③ サービス提供の努力と成果に関する報告
行政においては,企業の業績評価における利益のような単一の指標が存在せず,自治体の行政活動を経済性,効率性,有効性の観点から評価することによって,住民に業績評価に役立つ情報を提供しなければならないこと。

（出所）中地［2006］18〜19頁の記述を基に作成。

十分である。ここに，発生主義会計の必要性が強調されることになる。

それでは，前述した政府・自治体のアカウンタビリティ，すなわち，公的アカウンタビリティの記述に不足はないだろうか。中地［2006］は，自治体の公的アカウンタビリティには，図表2-6に示す3点が含まれるものとしている。

4　地方公会計の課題と改革

これまで，地方公会計の現状について，①領域の観点，②認識基準の観点，③公的アカウンタビリティの観点から整理してきた。領域の観点では，これまでの財務分析が普通会計に限られていた。2009（平成21）年度から本格施行された自治体財政健全化法によれば，一部事務組合や地方独立行政法人，第三セクター等といった主体まで分析の対象となるが，あくまで，財務分析の対象であって，各主体の財務書類項目の連結開示ということではない。したがって，この点についての改革の方向性は，「連結ベースの財務書類の作成」ということになる。次に，認識基準の観点では，現金主義会計の

●図表2-7　地方公会計の課題と制度改革の方向性

地方公会計の課題	公会計制度改革の方向性
①現金主義会計による「ストック（資産，負債，純資産）情報」の欠如	①貸借対照表，純資産変動計算書の作成。さらに，公営企業等を連結した連結貸借対照表，連結純資産変動計算書の作成。
②現金主義会計による「フロー情報（収益，費用）」の欠如	②行政コスト計算書の作成。さらに，公営企業等を連結した連結行政コスト計算書の作成
③経済性，効率性，有効性を評価するための非財務情報の欠如	③行政評価指標の設定と測定。

現状においては，発生主義会計によって獲得できるストック情報（資産，負債，純資産），フロー情報（収益，費用）がともに欠如していることになる。その改革の方向性は，「発生主義会計への転換」ということである。さらに，公的アカウンタビリティの観点からは，財務情報のみならず，経済性，効率性，有効性を評価するための非財務情報の必要性が導き出されるところである。

　以上，まとめると，**図表2－7**のとおりとなる。

第3章

自治体経営改革と地方公会計改革

地方公会計改革を歴史的視点からみると，1990年代後半に，三重県など先進自治体で進められた行政経営改革からバランスシートの作成が進められ，全国的に広がっていったことがわかる。この時期の改革は，「新公共経営（New Public Management：NPM；以下，「NPM改革」という）」と呼ばれ，英国やニュージーランドなどの国々で1980年代に取り組まれ，世界的に伝播していった改革の一環である。
　まず，NPM改革について基本的な事項を解説したうえで，コスト把握の観点から公会計改革へと連動していったことを示す。

1　NPM改革の進展

(1) 市場原理の導入

　NPM改革は，その推進力として，市場原理の導入を積極的に進めたことに特徴がある。1980年代初頭から世界にさきがけて公共部門改革に取り組んだ英国が最初に進めたのが，「国有企業の民営化」であった。さらに，官の事務事業を民間に委託をしていく「アウトソーシング」に続いて，「公共サービスの提供者は，当該サービスの質の向上とコストの削減を果たせる主体であれば，官か民かを問わない」という考え方から，官民競争が進められるようになった。

(2) させる論理と任せる論理

　NPM改革を特徴づけるのは，「させる論理」と「任せる論理」である（図表3-1）。NPM改革における改革手法は，この2つの論理の組み合わせで設計されているともいえよう。「させる論理」というのは，たとえば，公共サービスの民間事業者に対して目標値を設定して，達成すれば委託料を満額支払うが，ある基準を下回って達成度合いが低い場合は委託料額を減額するなど，目標値の設定や業績連動型あるいはインセンティブの付与を例とする。

●図表3-1　NPM改革における2つの論理

論　　理	手　法	適合目標	依拠する理論
させる	報酬とペナルティ	短期的目標に適する	新制度派経済学
任せる	責任感と達成	長期的目標に適する	経営学

　一方で，「任せる論理」ということは，できる限り現場に近い人たちに権限を委ねていく，資源配分を委ねていく，ということである。
　NPM改革は，新制度派経済学と経営学に依拠するといわれるが，そのバリエーションは，国によって，また，改革手法によって，異なってくる。初期の英国やニュージーランドにおける改革では，「させる論理」に重点が置かれ，一方で，北欧諸国では，「任せる論理」を重視していた。また，改革手法においても，英国自治体における官民競争（強制競争入札）などのように，落札者が官であれ民であれ，公共サービスの質とコストを数値目標化して，その達成をモニタリングしていくような手法に重点を置いている手法から，できる限り主体に任せていく独立行政法人化（エージェンシー化）の手法などさまざまある。ただし，どちらか一方の論理のみで設計されている手法はなく，「させる論理」と「任せる論理」のミックスである。たとえば，公共サービスのアウトソーシングでは，公共サービスの質を目標化して管理する一方で，仕様で細かく縛らずに民間事業者に仕事の進め方などをできる限り任せていく「任せる論理」が働く。

(3) 3つの視点─経済性・効率性・有効性
　英国のNPM改革におけるキーワードの1つに，VFM（Value For Money；バリュー・フォー・マネー）がある。「税金（マネー）に対して最も価値（バリュー）あるサービスを提供する」という意味であり，最少のコストで最大の成果を獲得する，ということになる。納税者からみれば，「税金の払い甲斐のあるサービスを受ける」という意味になろう。ただし，この

理解だけであれば、わが国の地方自治法にも同様の趣旨の条文が第2条第14項にある。

地方自治法　第2条第14項

> 地方公共団体は、その事務を処理するに当たっては、住民の福祉の増進に努めるとともに、最少の経費で最大の効果をあげるようにしなければならない。

地方自治法とVFMでは、ほぼ同様の趣旨であることに気づくが、ただし、「最少の経費（コスト）で最大の効果（成果）をあげる」というままでは、単なるスローガンになってしまう。

ここで、VFMを理解し、地方自治法第2条第14項の趣旨を具体的改革に結び付けていくのに必要な視点は、「3E」（Economy：経済性、Efficiency：効率性、Effectiveness：有効性。頭文字が全て「E」）という概念である。

この「3E」の中にこそ、今般の公会計改革の背景であり今後の自治体経営改革を進捗させていく根拠が示されているといってよい。まず、**図表3－2**によって、3つのEを解説しよう。図表3－2は、人件費・物件費等で合計300万円を「投入」し、講習会を60回開催するという「活動」の「結果」、300人が受講して、その「成果」として一定の能力を得た人が200人実践している、という行政活動の簡単なロジックを表している。

●図表3－2　行政活動のモデル

資源（財・人）投入 →	活動 →	結果 →	成果
（予算300万円）	（講習会60回）	（300人受講）	（200人実践）

・Economy（経済性）：投入（インプット）／コスト：最小のコストで投入（ヒト・モノ・カネ）を獲得
・Efficiency（効率性）：結果（アウトプット）／投入：最小の投入で最大の結果を獲得
・Effectiveness（有効性）：成果（アウトカム）／結果：最大の成果を獲得

この流れの中で，資源投入（予算300万円）のみが財務数値で，残り3つの活動（講演会60回），結果（300人受講），成果（200人実践）が非財務数値で表されている。これらの数値の正確な測定を前提に，3Eとは，**図表3－3**に示すように，経済性，効率性，有効性という概念を，それぞれの数値の組み合わせによる分数式で表す。そして，それぞれの分数式の分子を固定しつつ分母を最小化する（経済性，効率性）か，分母を固定して分子を最大化すること（有効性）によって，具体的に何に取り組んでいけばよいかという点を明確にし，数値測定による目標達成度合いの管理を進めることになる。

すなわち，「経済性（【投入／コスト】）」というのは，ヒト・モノ・カネの投入資源を最小限のコストで得るようにすることである。たとえば，単純作業であれば単純作業の賃金で，複雑な作業であれば複雑な作業の時給でやっていけばよろしいということで，ローテーションの名の下に時間給3,000円の管理職が単純作業を行うようなことをしているのであれば，「経済性の低下」ということになる。

次に，同じ60回，300人の講習をするという活動ないし結果でも，直営による人件費・物件費等合わせて300万円の投入ではなく，150万円の委託料によることを検討するなどが「効率性（【活動または結果／投入】）」である。

そして，200人という実践者が新たに生まれたという目的達成を検討するのが，「有効性（【成果／活動または結果】）」である。

●図表3－3　VFM（左辺）と経済性，効率性，有効性（右辺）

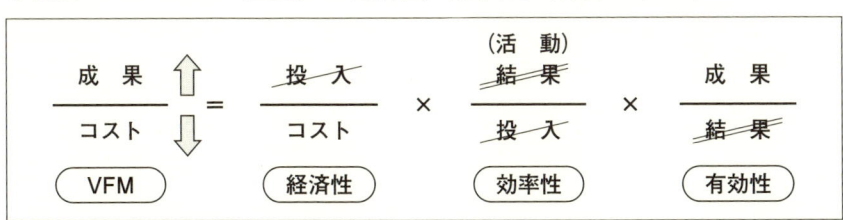

$$\frac{成果}{コスト} = \frac{\cancel{投入}}{コスト} \times \frac{(活動)\cancel{結果}}{\cancel{投入}} \times \frac{成果}{\cancel{結果}}$$

（VFM）　　（経済性）　　（効率性）　　（有効性）

2 自治体経営改革とコスト情報，非財務情報

(1) 市場原理（官民比較）と公会計改革

　市場原理を導入する過程，すなわち，アウトソーシング，官民競争（市場化テスト）などの導入過程において求められるのは，現状の公共サービスの質とコストの厳格な測定である。官民において，提供されるサービスの質とコストとを精緻に測定し比較することを通じて，公共サービスの最適提供者の決定が可能になる。質については，非財務指標による数値化が進められ，コストについては，民間企業と同様の会計方式である発生主義会計を導入することによって，すべてのコスト算定（「フルコスト」という）が予定されることになる。

　官におけるフルコスト算定とは，**図表3-4**に示すように，直接事業費・直接人件費だけでなく，総務管理部門などの人件費・事業費（「間接費」という）を加え，さらに，減価償却費，退職給付引当金，支払利息などの算入を行うことで，すべての投入資源を測定する手法をいう。

　さらに，コスト情報だけでなく，公共サービスの質を測定するために，業績測定（Performance Measurement；わが国では，「業績評価」ないし「行政評価」の訳語が当てられることが多い）が必要になってくる。

(2) VFMと公会計改革

　NPM改革は，国々によってバリエーションが大きく，経済性・効率性の発揮に軸足を置いた英国やニュージーランドの改革と，有効性を重視したアメリカの地方政府・州政府などでは，実は，改革の取り組み方と公会計改革の深度にも相違が現れてくる。それは，コストと活動量・結果量とは1対1対応が可能なのに対し，コストと成果量とは1対1対応が困難な点にある。たとえば，「水質の定点監視事業」であれば，「水質定点監視回数」という活

●図表3−4　フルコストの構成項目

項　目	内　容
①直接事業費	事業担当課で把握している各種決算資料などから決算額を節・細節別／性質別に集計する。
②直接人件費	直接事業に従事した職員（課長以下の職員・嘱託職員）の人件費を集計する。事務分担表などから人工数を把握し，職員が属する決算費目の平均人件費単価（全職員平均，職位別平均など）をもって算出する。
③直接費計（①＋②）	上記の直接事業費と直接人件費の合計
④部門間接費	各課における共用消耗品費，旅費等の部門間接費については直接配賦せず，各事業に割り振る。なお，スタッフ部門でかかる全庁的経費については管理不能経費として各事業には配賦しない考え方もある。
⑤現金支出計（支出額）（③＋④）	上記までの合計が決算書ベース（現金主義会計）の事業コストとなる。
⑥非コスト項目（控除）	発生主義的な考え方のもと，支出時点においては実質的なコストとならないものを一旦控除する。投資的経費(固定資産の取得費，臨時多額の修繕費等で減価償却計算を予定しているもの)，公債元本償還金，貸付金等などが含まれる。
⑦非支出経費（加算） ・減価償却費 ・退職給付引当金 ・金利	《減価償却費》定額法などにより償却し，耐用年数に応じて費用を配分する。 《退職給付引当金》各職員が1年間勤務したことにより発生した退職金受給権利分を算出する。 《金利》財源が地方債の発行で賄われている事業については，地方債金利をコスト計（支出額）に加算する。
⑧フルコスト（⑤−⑥＋⑦）	フルコスト合計

動・結果量（アウトプット量）はコストと1対1対応するため，経済性・効率性の改革効果が測定可能である。一方で，「水質浄化度合い」の指標を成果指標として想定してみれば，外部要因である「企業の業績低下」などの影響を受けるため，コストと1対1対応とは言えない。

コストと1対1対応が困難であれば，コスト算定を精緻に進めるというインセンティブには欠けてくる。一方で，コストと1対1対応ができる効率性（コスト／アウトプット）を向上させて政府支出を削減させようとすれば，分子のコスト算定を精緻化しようとする強いインセンティブが働く，ということになる。

(3) 現金主義か発生主義か

ところで，官民のコスト比較に対して，財務改善効果を論じようとする時に，現金主義と発生主義とでは，一見，異なる結論が出る。簡単な例により説明しよう。**図表3-5**に示すとおり，官民競争においてフルコストによる官のコストが10,000，民間の入札額が8,000である場合，民間が落札して，委託料8,000が現金支出されることになる。ところが，官のコスト算定の中に，退職給付引当金2,000，減価償却費1,000合わせて3,000の「現金支出を伴わない発生主義コスト」が算入されている場合，官実施であれば現金支出額が

●図表3-5　フルコストと現金支出の官民比較

	官　側	民　間　側
市場化テスト官民比較額　①	10,000 （フルコスト）	8,000 （入札額）
非現金支出額　　　　　　② 　うち，退職給付引当金 　　　　減価償却費	3,000 2,000 1,000	当該企業の基準で算出
現金支出額　　　　　　　③	7,000 〔①－②〕	8,000 〔①入札額＝委託料額〕

(出所) 岸 [2005] p.205 図表5-7を基に作成。

7,000になり，官側の方が低くなるというジレンマが生まれる。

　しかし，長期的に考えれば，現金主義会計と発生主義会計による現金支出とは一致することになる。すなわち，退職金であれば，現金主義では退職時に現金支出が行われた時点で一括して認識される額を，発生主義では，1年度間働いたことの対価として発生した退職金の権利分を退職給付引当金として毎年度認識しているのだから退職時点では一致する。また，建物等の減価償却費にしても，現金主義では取得時点で一括して認識される現金支出額を，発生主義では当該建物等の耐用年数の間，当該建物等のサービス提供能力の消耗分を認識していることになる。この点に着目すれば，決算だけでなく，予算も発生主義に転換することが，このジレンマの解決策であることに気づく（米田［2008］p.81）。すなわち，予算時点で非現金支出分も現金での手当を求めることで，退職給付引当金分と減価償却費分とが官の中に留保される。図表3-5の官側コスト部分を用いて説明すれば，官のフルコスト分10,000を現金で手当すると，現金支出額は7,000であり，非現金支出額分の3,000は毎年度，官の中に留保されることになる。したがって，退職金分は退職給付引当金を通じて退職時点での現金が確保されているし，建物等の取得額分は減価償却費を通じて更新時期の現金が確保されることになる（(3)の記述は，岸［2005］pp.204-206による）。

3　自治体経営改革とストック情報

(1)　インフラ資産・公共施設等と公会計改革

　これまで投資してきた社会資本は，現在でも，その維持管理に多額の財源を必要としている。加えて，**図表3-6**に示すように，道路や橋梁を中心に，更新時期である50年を経過する社会資本の割合は，これから増加していく。このことから，第1章で指摘したように，今後，現存の社会資本の維持管理費用だけでも財源手当が困難になる可能性があり，更新費用や新規投資の財

●図表3－6　建設後50年以上経過する社会資本の割合

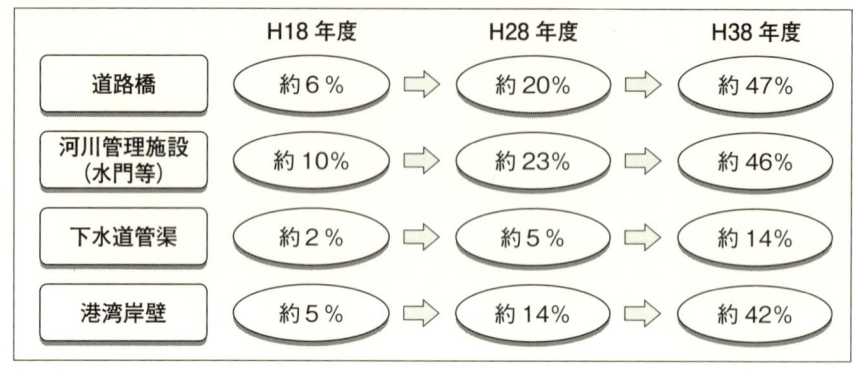

	H18年度	H28年度	H38年度
道路橋	約6%	約20%	約47%
河川管理施設（水門等）	約10%	約23%	約46%
下水道管渠	約2%	約5%	約14%
港湾岸壁	約5%	約14%	約42%

(出所) 国土交通省［2008］図表II-1-2-2。

源手当は不可能である，というシミュレーションもある（第1章図表1－1参照）。

　以上の点から求められるのは，まず，50年以上前に建設された時の社会経済環境と現在および50年後を予測し比較したうえで，各社会資本の更新必要性について，優先づけを行っていく必要がある。これは，政策評価の領域であるが，社会資本の現状をできる限り詳細にデータ化していることが求められる。

　さらに，こうした現状の中で，**図表3－7**に示すように，適切に予防保全措置を講じた場合は，その耐用年数の延長（長寿化）が図れることになり，ひいては，更新費用についても縮減が可能になっていくという事実も重要である。予防保全措置を講じるためには，やはり，前述のように，社会資本に対する精緻なストック情報が求められるところである。

　社会資本に加えて，自治体には，多くの施設が存在する。第1章で指摘したように，それら施設についても，自治体間で相違があるものの，昭和40年代建設のものが多く，2010年代には更新時期を迎える。また，今般の市町村合併によって，合併前の複数自治体で所有した施設の中には，必ずしも今後更新を必要としないものもあろう。いずれの場合も，施設の評価情報に基づ

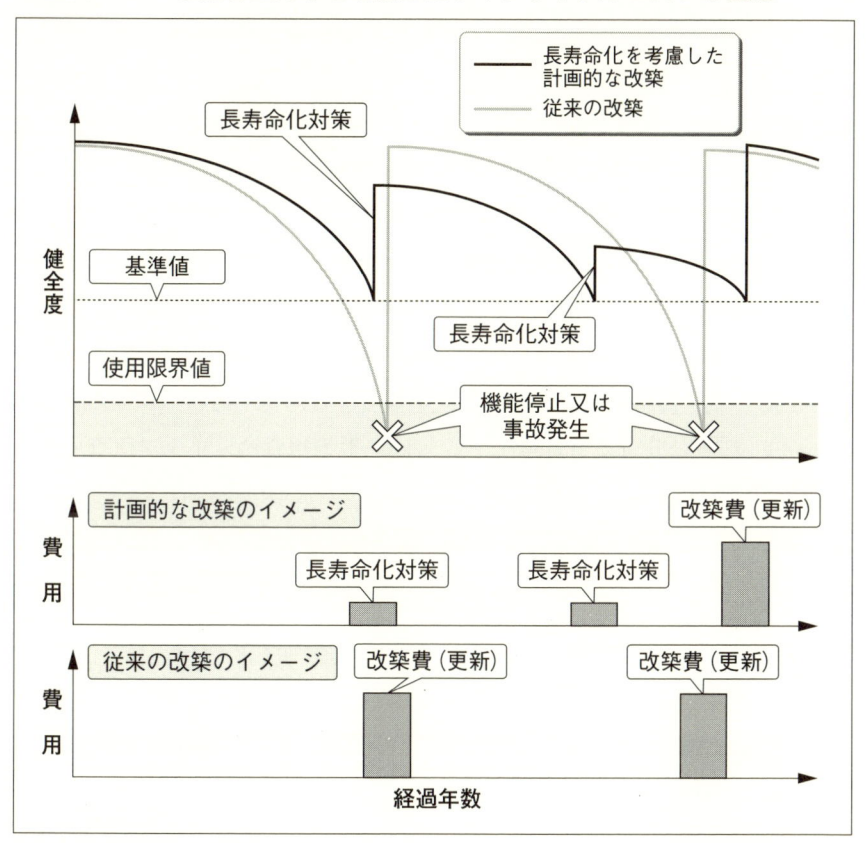

●図表3-7　予防保全対策を考慮したライフサイクルコストの低減

(出所) 国土交通省［2008］図表II-1-2-3。

いた政策評価が必要になってくることは，社会資本と同様である。

第1章で説明したように，現在進められている地方公会計改革は，「行政改革の基本方針（2005（平成17）年12月24日閣議決定）」における「資産・債務の実態把握，管理体制を総点検するなど，資産・債務改革に積極的に取り組む」が，その起点にある。それでは，地方公会計改革の目的として，「資産・債務改革に資する」ことが求められているとは，何を意味するのであろうか。それは，単に財務書類を作成するために台帳整備をするのにとど

まらず,建物,土地についての現況調査などを適切に実施することを通じて,公有財産台帳における情報の正確性向上に努めることにあろう。

さて,今般の地方公会計改革では,次章で説明するように,基準モデル,総務省方式改訂モデル,東京都モデルの3つのモデルが想定されている。前二者についての解説書である「新地方公会計制度実務研究会報告書（以下,「実務研究会報告書」という）」第217段落の【図1】においては,総務省方式改訂モデルに基づく資産情報整備アプローチについて,次のように図解している（**図表3-8**）。①は売却可能資産から「段階的に」資産情報を整備していくアプローチ,②は基準モデルで想定されている開始貸借対照表作成時に「一括して」資産情報を整備するアプローチと同様である。多くの自治体においては,「公共資産（基準モデルでは,事業用資産,インフラ資産およ

●図表3-8　総務省方式改訂モデルにおける資産情報整備

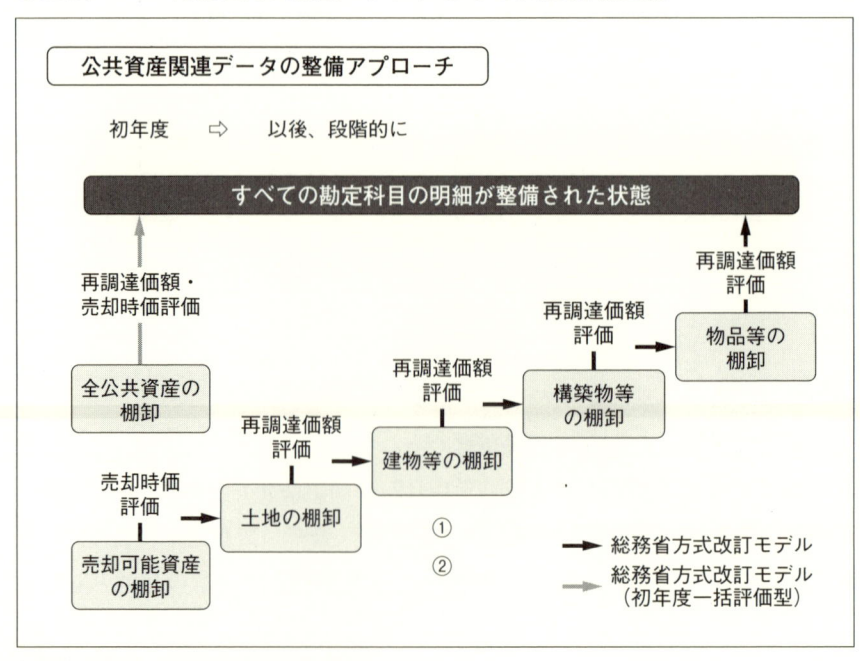

(出所)総務省［2007］第217段落。

●図表3-9　固定資産台帳に求められる事項

項　目	補　足
固定資産コード	固定資産ごとのコード
B／S科目（性質別）	土地・建物など固定資産の性質別名称
B／S科目（目的別）	総務省方式改訂モデルで作成する場合，総務・教育などの名称
予算執行科目	予算科目（総務費・教育費等）
施設コード	施設ごとのコード
施策コード	施策ごとのコード
事業コード	事業ごとのコード
所管部署（主管箇所）	資産を所管している部署など
所在地（設置場所）	資産の所在地（住所等）
用途	
構造	
耐用年数	
取得年月日	
供用開始年月日	
経過年数	取得して何年経過しているか
再調達価額	
取得価額	
減価償却費	再調達価額を耐用年数で除した金額
減価償却累計額	減価償却費に経過年数を乗じた金額
期末帳簿価額	再調達価額と減価償却累計額の差額
取得財源	国庫支出金，都道府県支出金，一般財源，地方債等に分類して記載
資産評価差額	再調達価額と取得価額との差額

（出所）宗和・川口『地方財務』2008年8月号，137頁。

び売却可能資産。総務省方式改訂モデルでは、有形固定資産および売却可能資産に分類)」が貸借対照表の資産総額の9割前後を占めていることから、「一括して」情報整備することが望ましいだろう。しかし、公有財産台帳が紙ベースの情報のままの自治体などでは、資産台帳の整備に多大なる時間を要する一方で、それに割くことのできる人員が限定されることが想定される。そこで、実務研究会報告書第212段落において「一時にすべての固定資産について棚卸の実施と公正価値評価を行うことは、システム化も含め、相当程度の時間・労力と費用を要することが、これまでに整備を行った団体の事例報告から明らかになっている」と指摘され、「段階的」な台帳整備が提案されている。段階的とはいえ、これまでの資産情報に比較すれば、大きな前進であろう。

さらに、**図表3-9**に示すように、固定資産については、これまでの公有財産台帳から、「固定資産台帳」へと進化させることが求められよう。固定資産台帳とは、土地や建物などの有形固定資産について、その取得原価の記載などの詳細情報が欠如していた状態（公有財産台帳）から、建物であればライフサイクルに応じた管理に資するように、遊休化している土地であれば賃貸借などの有効活用や売却ができるように、詳細情報を整備しておくものである。

(2) 第三セクター等への出資金／出えん金・投資および各種債権と公会計改革

1) 第三セクター等への出資金／出えん金・投資および各種債権の問題

第三セクター等への出資金／出えん金や投資、および、滞納税金などの債権は、自治体にとって資産である。ところが、これらの出資金（出えん金）や投資を出資金額（出えん金額）や投資額でそのまま資産計上したり、滞納額そのものを資産額としてしまうわけにはいかない。なぜならば、出資（出えん）先である団体等の経営悪化によって当該団体の純資産額が著しく減少していたり、滞納税金等であれば、回収できずに「不納欠損」となってしまったりする可能性があるからである。事実、こうした事態が生じており、か

かる事態を財務書類においても適切に説明できるように情報整備を図る必要が求められている。

2) 第三セクター等の現状

　第三セクターとは，「地方公共団体が出資・出えんを行っている会社法法人及び民法法人をいう」ものであり，総務省の「第三セクター等の状況に関する調査報告」でも，これに，三公社（地方住宅供給公社，地方道路公社，土地開発公社），地方独立行政法人を加えた法人について調査を行っている。そこで，同調査に基づいて，第三セクター等の運営状況を整理する。

　同調査の対象は，以下のとおりであり，2008（平成20）年度調査時点で，総数は，7,621法人である。

　１．地方公共団体等の出資割合が25％以上の会社法および民法法人
　２．出資割合が25％未満であるものの財政的支援（貸付金，損失補償）を
　　受けている会社法及び民法法人
　３．地方三公社
　４．地方独立行政法人

　上記調査対象についての経常収支は，黒字法人が全体の64.8％（4,938法人），赤字法人が35.2％（2,683法人）であり，会社法法人では，経常赤字法人が31.6％（838法人），民法法人では，当期正味財産減少法人（会社法法人の赤字法人に相当）が35.5％（1,332法人），地方三公社では，経常赤字法人が43.6％（511法人），地方独立行政法人では，経常赤字法人が5.3％（２法人）となっている。１法人あたりの経常赤字額をみると，会社法法人49.1百万円，民法法人38.4百万円，地方三公社30.1百万円，地方独立行政法人550百万円である（**図表3－10**）。さらに，地方三公社について，その内訳をみると，**図表3－11**のとおりである。

　以上から，第三セクター等においては，法人の４割近くが経常的に赤字を記録しており，その赤字損失額も，会社法法人において大きくなっている。

　さらに，補助金，貸付金，債務保証残高の面から自治体の財政負担をみる

●図表3-10　第三セクター等の赤字経営の状況
　　　　　（平成20年3月31日時点の直近の財務諸表等による）

区　分	赤字団体の比率	赤字法人数	赤字金額
第三セクター全体	33.9%	2,170法人	924億円
会社法法人	31.6%	838法人	412億円
民法法人	35.5%	1,332法人	512億円
地方三公社	43.6%	511法人	154億円
地方独立行政法人	5.3%	2法人	11億円

（出所）総務省自治財政局公営企業課［2008］より作成。

●図表3-11　地方三公社の赤字経営の状況

区　分	赤字団体の比率	赤字法人数	1法人当り赤字額
地方三公社合計	43.6%	511法人	30.1百万円
土地開発公社	45.3%	486法人	25.1百万円
地方住宅供給公社	40.4%	23法人	129.9百万円
地方道路公社	4.8%	2法人	101.5百万円

（出所）総務省自治財政局公営企業課［2008］より作成。

●図表3-12　第三セクター等に対する財政負担状況

区　分	補助金交付額		貸付金残高		債務保証残高	
	交付法人割合	1法人当り交付額	貸付法人割合	1法人当り残高	保証法人割合	1法人当り交付額
全　体	43.6%	165.7百万	13.6%	4366.5百万	17.0%	6154.5百万
会社法法人	21.4%	101.2百万	11.7%	3553.6百万	7.7%	2109.3百万
民法法人	65.3%	118.4百万	8.5%	4919.4百万	7.6%	5266.1百万
地方三公社	22.7%	202.0百万	33.8%	4615.7百万	68.8%	7493.1百万
地方独立行政法人	97.4%	3,742.4百万	21.1%	1657.1百万	0.0%	0

（出所）総務省自治財政局公営企業課［2008］より作成。

と，**図表3－12**のとおりである。

　経営状況および財政負担状況を合わせてみると，自治体と第三セクター等との財政関係が今後厳しい局面を迎えることが容易に想像できよう。すなわち，経常的な赤字を記録している法人に対しては，今後，毎年度の財政負担としての補助金交付額がさらに増加して，自治体財政を圧迫していく可能性があろう。そして，貸付金，債務保証残高の2つの財政関係は，かかる赤字経営状況では，「第三セクターの経営破綻」という事態も考えられ，実際に，経営破綻に陥った第三セクターの問題が自治体財政を直撃しているところもある。こうした状況は，広く住民に開示されていなければならないが，財政破綻するまでは，なかなか住民の目には触れなかったというのが現状であろう。

第4章

財務書類4表の理解

現在の地方公会計改革では，作成すべき財務書類4表について，3つのモデルが提示されている。どのモデルによるかは，自治体の判断によるため，現在，基準モデル，総務省方式改訂モデル，東京都モデルによる財務書類が鼎立している状況である。

　本章では，総務省方式改訂モデルに沿って財務書類4表〔貸借対照表，行政コスト計算書，純資産変動計算書，資金収支計算書〕の意義と構造（構成）を解説する。

1　地方公会計改革における財務書類

(1)　3つのモデルと財務書類

　今般の地方公会計改革では，2006（平成18）年5月の研究会報告書に示された「基準モデル」と「総務省方式改訂モデル」によって，それぞれ，①貸借対照表，②行政コスト計算書，③純資産変動計算書，④資金収支計算書，の作成が求められている。さらに，2006（平成18）年4月から導入されていた「東京都会計基準（2005（平成17）年8月26日）」が2007（平成19）年2月28日に改正されて，それまでの3表（貸借対照表，行政コスト計算書，キャッシュ・フロー計算書）に加えて正味財産増減計算書の作成を必須とするに至って，わが国自治体の財務書類は，4表の作成で統一されているのが現状である。そして，4表作成に関するモデルとして東京都モデルを加え，「3つのモデル」と称されている。

　ここで，それぞれのモデルについて簡単に説明しておこう。

1）基準モデル

　基準モデルは，固定資産台帳等に基づいて開始貸借対照表を作成し，ストック情報・フロー情報を公正価値（減価償却後再調達原価，市場価値など。第6章図表6-3参照）で把握する。さらに，個別の取引情報について，複式

簿記・発生主義により記帳して作成することを前提とするものである。

2) 総務省方式改訂モデル

　総務省方式改訂モデルでは，これまで自治体が取り組んでいた「総務省方式（2000年3月（報告書による方式））」について，資産・債務改革の視点から，資産と債務に関する情報を充実したものである。売却可能資産をはじめとする固定資産情報について，第3章で解説したように，段階的に台帳整備を進めることを認めている。また，固定資産評価については，基準モデルと同様に公正価値で把握する。さらに，他の2モデルと異なる明白な特徴としては，総務省方式（旧方式）と同様に，普通会計の決算統計を基に作成する点にある。

3) 東京都モデル

　東京都モデルでは，基準モデルと同様に，継続的に複式簿記・発生主義による記録を行うことによって，財務書類を作成する。また，固定資産台帳等に基づいて開始貸借対照表を作成するため，財務書類の検証可能性は高い。取引の記帳などを含めて，企業会計に最も近いモデルといえる。なお，固定資産の評価は，取得原価で行われる。

(2) 財務書類作成の状況

　これら3つのモデルによる財務書類4表の作成状況は，総務省による調査「地方公共団体の平成19年度版財務書類の作成状況」(2009（平成21）年6月4日公表) によれば，
- 全ての都道府県と指定都市，および指定都市を除く市区町村の75.9％の団体で財務書類を作成済あるいは作成中。
- 2007（平成19）年度決算における財務書類の作成にあたり，新地方公会計モデルを用いている団体は，都道府県で14.9％，指定都市で41.2％，指定都市を除く市区町村で34.0％。

● 図表4-1　平成20年度決算による財務書類作成の見込み

(単位：団体、％)

		都道府県	市区町村			指定都市・特別区及び3万人以上の市
				指定都市	指定都市を除く市区町村	
作成予定		47 (100.0%)	1,660 (92.2%)	18 (100.0%)	1,642 (92.1%)	750 (100.0%)
基準モデル		1 (2.1%)	116 (7.0%)	3 (16.7%)	113 (6.9%)	79 (10.5%)
	連結財務書類4表まで	1 (100.0%)	94 (81.0%)	3 (100.0%)	91 (80.5%)	77 (97.5%)
	単体・普通会計財務書類4表まで	0 (-)	10 (8.6%)	0 (-)	10 (8.8%)	1 (1.3%)
	一部の財務書類まで	0 (-)	12 (10.3%)	0 (-)	12 (10.6%)	1 (1.3%)
総務省方式改訂モデル		43 (91.5%)	1,399 (84.3%)	15 (83.3%)	1,384 (84.3%)	660 (88.0%)
	連結財務書類4表まで	43 (100.0%)	971 (69.4%)	15 (100.0%)	956 (69.1%)	619 (93.8%)
	単体・普通会計財務書類4表まで	0 (-)	283 (20.2%)	0 (-)	283 (20.4%)	37 (5.6%)
	一部の財務書類まで	0 (-)	145 (10.4%)	0 (-)	145 (10.5%)	4 (0.6%)
総務省方式		0 (-)	136 (8.2%)	0 (-)	136 (8.3%)	6 (0.8%)
その他のモデル		3 (6.4%)	9 (0.5%)	0 (-)	9 (0.5%)	5 (0.7%)
作成予定なし		0 (-)	140 (7.8%)	0 (-)	140 (7.9%)	0 (-)
計		47 (100.0%)	1,800 (100.0%)	18 (100.0%)	1,782 (100.0%)	750 (100.0%)

※指定都市をのぞく市区町村については5月15日時点の見込み。

(出所) 総務省資料［2009］

となっている。

　また，2008（平成20）年度決算による財務書類作成の見込みについては，図表4-1のとおりとなっている。

2 財務書類の理解【1】 貸借対照表

(1) 貸借対照表の意義と基本的構造

　貸借対照表とは，「財源の調達先（負債・純資産）」と「財源の使途（資産）」とを対照させて一覧で示す財務書類である。**図表4－2**に示すように，右側（「貸方」という）に財源の調達先が示されているが，公会計において「負債」とは，「将来世代から調達してきた財源」を示し，「純資産」とは，「現役・過去の世代から調達してきた財源」＝「これまでの一般財源または国等からの補助金を充当して整備したもの」を示している。この基本的な意義と構造については，ほぼ国際的に共通するものである。

●図表4－2　貸借対照表の構造

《財源の使途》 【資　産】 将来キャッシュフロー ＋ 行政サービス提供能力	《将来の世代から 財源調達》 《現役／過去の世代から 財源調達》 【純資産】

(2) 資産の意義と3モデルの分類

　企業会計において資産とは，「将来的に資金の流れ（キャッシュ・フロー）が期待できるもの」を指すが，公会計では，道路などインフラ資産のように売却を目的にしていないものも計上することになっている。これは，当該インフラ資産や公共施設などに，「行政サービス提供能力」を認識して資

産計上するためである。

　このように資金流入と行政サービス提供能力という2つの異なる特性を持つ資産について，その認識上の課題を挙げれば，当該資産価額をどのように「評価」するか，ということに帰着する。資金流入を生む可能性がある資産としては，たとえば，「税等未収金」が考えられるが，この場合，どの程度，回収できるかで評価することになる。全額回収が理想であるが，過去の不納欠損率や回収実績率などを参考にして，未収金が正味どれだけ回収できるかで計上することになる。一方で，「行政サービス提供能力」に関しては，実物資産には，「少なくとも取得原価以上の便益がある」と仮定し，「取得原価」をサービス提供能力の評価として当該資産の計上額とする考え方がある。しかし，実物資産では，取得から時間がたてば土地を除いて老朽化による減耗は免れないし，事故や用途の変更などによる減耗も考えられる。そこで，「現在使われている資産が消失し同様の行政サービスを続ける場合には，同じ資産を再調達する必要性から当該資産の再調達価額を資産価値として認識する」という考え方に立つことになる。すなわち，「再調達のために必要な事業量×単価」や「保険金額（建物，立木竹等の保険金額）」，「不動産鑑定評価額」などによる再調達価額によって，行政サービス提供能力を評価することが必要になる。今般の総務省方式改訂モデルでは，この考え方によって，「再調達価額」を有形固定資産の貸借対照表計上額としている。

　なお，地方公会計の3つのモデルにおける資産区分は，**図表4－3**のとおりである。

●図表4-3　3つのモデルにおける資産の分類

基準モデル	総務省方式改訂モデル	東京都モデル	（参考）企業会計
金融資産	公共資産	流動資産	流動資産
非金融資産	投資等	固定資産	固定資産（繰延資産）
	流動資産		

(3) 資産の部

　総務省方式改訂モデルにおいて，資産の部は，1．公共資産，2．投資等，3．流動資産に分類して表示されている。1．公共資産については，さらに，(1)有形固定資産と (2)売却可能資産に分けて表示されている。

1) 有形固定資産

資産の部	負　債
1　公共資産 (1) 有形固定資産 ①生活インフラ・国土保全 ②教育 ③福祉 ④環境衛生 ⑤産業振興 ⑥消防 ⑦総務 (2) 売却可能資産	純資産

　また，有形固定資産は，「建物」，「車両運搬具」，「土地」のような形態別分類ではなく，「国土保全・インフラ」，「福祉」，「教育」など行政目的別に区分して表示される（**図表4－4**）。これは，決算統計における「普通建設事業費」を昭和44年度分から積上げることによって算出するためである。これによって，どの行政目的に対して，どのくらいの資金を投入してきたのかが明らかになる。一方で，台帳の整備が進んでいない状況では，個別資産の除却などの現況を反映できない。

　さらに，有形固定資産の中から自治体が「売却可能資産」を特定し，別途分類される。売却可能資産について，その選定方法と評価方法を整理すると，**図表4－5**のとおりである。

　有形固定資産については，減価償却を定額法によって適用することにより

●図表4-4　決算統計上の分類と貸借対照表上の科目

決算統計上の分類	貸借対照表上の分類
総務費，その他	総務
民生費	福祉
衛生費	環境衛生
農林水産業費，労働費，商工費	産業振興
土木費	生活インフラ・国土保全
消防費（警察費）	消防（警察）
教育費	教育

(出所) 総務省 [2007年] p.242, 図3。

●図表4-5　売却可能資産の選定方法と評価方法

選定方法
1　段階的に売却可能資産の範囲を拡大していく方法 （1）N+1年度予算において，財産収入が計上されている公有財産 （2）各自治体の公共資産活用等検討委員会（仮称）などの組織において売却予定とされている公有財産 （3）普通財産のうち活用が図られていない公有財産 （4）すべての普通財産 （5）すべての普通財産および用途廃止が予定されている行政財産 2　公有財産の固定資産台帳整備にあわせて，その中から抽出していく方法 3　重要性の観点から，都市計画区域内の一定面積以上の土地など，自治体の実情にあわせて選定する方法

評価方法
①土地のみの場合 　個々の土地の実態を反映し得る評価方法である鑑定方法をはじめ，固定資産税評価額，相続税評価額，公示地価等を用いて評価するなどの方法がある。 ②土地・建物一体の場合 　市場価格を反映するため，一体で鑑定評価する。実務上困難な場合には，土地，建物を別々に評価。

(出所) 総務省資料 [2008]。

公正価値を算出する。なお，減価償却の際には，以下に示す「減価償却計算表」などの補助表を作成することにより体系的に進めることになる。

第4章 財務書類4表の理解

減価償却計算表の例

減価償却計算表　(平成17年度)

	償却年数 A	総務 庁舎等 耐用年数＝50		
		減価償却対象 有形固定資産	1年あたり 償却額B	A×B
昭和44年	36			
昭和45年	35			
・				
・				
・				
・		29,970,000		11,988,000＊
平成16年	1	30,000	600	600
合計		30,000,000		11,988,600

＊平成15年までの累計額

(平成17年度)

	償却年数 A	総務 その他 耐用年数＝25		
		減価償却対象 有形固定資産	1年あたり 償却額B	A×B
昭和55年	25			
昭和56年	24			
・				
・				
・				
・		149,930,000		77,963,600＊
平成16年	1	70,000	2,800	2,800
合計		150,000,000		77,966,400

＊平成15年までの累計額

注）減価償却計算は，取得の翌年度から適用される。

2）投資等

次に，「投資等」は，「投資および出資金」，「貸付金」，「基金等」，「長期延滞債権」，「回収不能見込額」で構成される。「投資および出資金」は額面により評価，計上され，「基金」のうち流動性の高いものについては流動資産に分類される。

```
2  投資等
 (1) 投資及び出資金
    ①投資及び出資金
    ②投資損失引当金
 (2) 貸付金
 (3) 基金等
 (4) 長期延滞債権
 (5) 回収不能見込額
```

負　債

純資産

①投資および出資金

図表4-6に示すとおり今般の改訂モデルにあっては，投資および出資金について，市場価格のある有価証券については決算日現在の時価で評価し，

時価と取得価額との差額を貸借対照表の純資産の部の資産評価差額に計上する。一方，市場価額のない投資および出資金については，毎年度，投資・出資先法人等の資産・負債を時価評価して，「資産・負債差額」である純資産に対する当該自治体の出資割合相当額，すなわち，「実質価額」を求めることが必要になる。なお，連結対象団体（第5章参照）については，その実質価額が貸借対照表価額と比較して30%以上下落している場合，実質価額で貸借対照表に計上しなければならない。その上で，その際の差額（前年度実質価額－当該年度実質価額）を「投資損失引当金」として計上することになる。すなわち，投資損失引当金の計上があれば，自治体と関係が深い団体の経営が著しく悪化していることがわかる。図表4－6では，㈶Bが下落率60%のため該当しており，投資損失引当金の計上となる。

②**貸付金**

貸付金については，元金収入未済額を「未収金」として計上するために貸付金残高から控除しておく必要がある。また，当初の調定年度がN－1年度の貸付金については，長期延滞債権として振り替え，そのうえで，当該の長期延滞債権に，回収不能見込額を算定し計上しておくことになる。**図表4－7**の例示では，X氏，㈱Bに対する貸付金について，X氏のものは，N－1年度の地方税に滞納がある（図表4－7注および**図表4－8**）。この場合，当該地方税債権を長期延滞債権に振り替えることはもとより，X氏のX貸付金についても長期延滞債権として振り替えたうえで（すなわち，X氏に係る長期延滞債権は，1,300となる），回収可能性の悪化を回収不能見込額（X氏に係る回収不能見込額は675）として算出することになっている。これは，自治体の保有する債権のうち，同一債権者に対する債権回収を効率的・効果的に行うことを促進するためである。

③**基金等**

公共施設の建設など特定の目的のために積み立てている「特定目的基金」，公用もしくは公共用に供する土地または公共の利益のために必要な土地を確

●図表4−6 投資および出資金の評価および貸借対照表計上額の算定

出資先	取得価額	時価	出資割合(%)	現在の純資産額	下落率(%)	貸借対照表 投資および出資金	貸借対照表 投資損失引当金	貸借対照表 資産評価差額
土地開発公社	2,000	—	100	7,500	−275 (※)	2,000	0	—
A株式会社	500	450	—	—	—	450	—	△50
(財)B	1,000	—	80	500	60	1,000	△600	△600
C協会	1,500	—	2	70,990	5	1,500	0	—

※下落率のため,純資産額の上昇は,マイナスで示される。

●図表4−7 N年度貸付金の現状(例)

貸付先	調定年度	貸付金種別	金額(千円)	回収可能性	貸借対照表計上額 貸付金	貸借対照表計上額 長期延滞債権	貸借対照表計上額 回収不能見込額
X氏	未到来	X貸付金	1,000	50%	0	1,000	500
㈱B	未到来	Y貸付金	1,000	100%	1,000	0	0

(注)X氏については,(N−1)年度調定の地方税について滞納があり,その回収可能性も50%となっている。

●図表4−8 未収金の現状と回収不能見込率の計算

相手先名	設定年度	収入(貸付)の種類	金額	回収可能性	過去5年間の不納欠損額	過去5年間の滞納繰越収納
X氏	平成N-1年度	地方税	200	50%		
	平成N年度	地方税	100			
小口多数	平成N-1年度	地方税	550		3,000	7,000
	平成N年度	地方税	200			

$$\text{回収不能見込率}(30\%) = \frac{3,000}{3,000+7,000}$$

保するための資金を積み立てている「土地開発基金」，特定の目的のために定額の資金を運用する「定額運用基金」（土地開発基金を除く）からなっている。基本的には，社会資本整備のための積立金という性質を有しているため，将来的には有形固定資産に振り替わることが想定されるものである。

「退職手当組合積立金」における，退職手当組合とは，職員に対する退職手当を安定的かつ効率的に支給するため，構成団体から負担金の納入を受けることにより退職手当の支給に関する事務等を共同処理している団体である。退職手当組合に加入している場合，退職手当組合が保有する資産のうちその団体の持分については将来の退職金原資となるため，資産に計上している。ただし，団体によっては過年度に支払不足が発生している（退職手当組合に支払った負担金よりも退職手当組合から受け取った退職金の方が多い）場合もあり，このような場合でも負債は計上されないため，隠れ債務が生じている可能性のあることに注意する必要がある。

3）流動資産

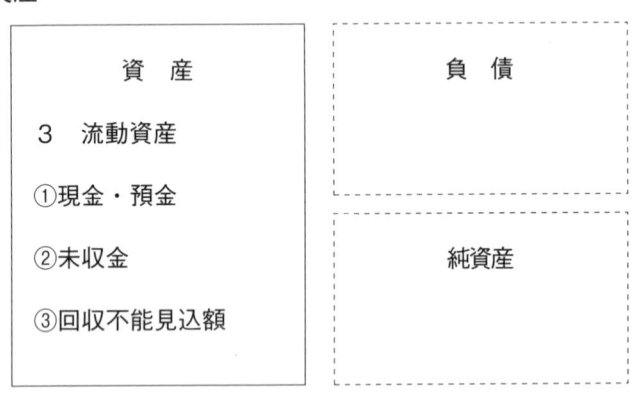

資　産	負　債
3　流動資産 ①現金・預金 ②未収金 ③回収不能見込額	
	純資産

①現金・預金

現金・預金には，①財政調整基金，②減債基金，③歳計現金が計上されることになる。財政調整基金とは，黒字期に積み立てておき，赤字期に取り崩すことで，年度間の収支状況を平準化する。減債基金とは，地方債の満期一

括償還の財源に充てるために積み立てておくものである。歳計現金とは，自治体の一会計年度に属する一切の収入および支出に係る現金である。なお，歳計現金の計上額と資金収支計算書の「期末歳計現金残高」とが一致する。

② **未収金**

未収金とは，収入未済額のうち回収期間が１年に満たないものを指し，地方税の収入未済額（「地方税」と記載）と地方税以外の収入未済額（「その他」）に分けられている。したがって，地方税の未収金とは，現年調定分の収入未済額である。なお，１年を超えて回収がなされない場合（すなわち，地方税であれば過年度調定分の収入未済額）には，流動資産ではなく，前述の「長期延滞債権」に計上することになる。

③ **回収不能見込額**

流動資産に分類される未収金についても，長期延滞債権の際の取り扱いと同様に，回収不能見込額を計上する。小口の未収金が多数に上るような場合，または，複数の債権の種別があり収入未済になっている場合には，たとえば，以下の計算式によって求めた回収不能見込率の５年平均額などを用いることになる（具体例は，図表４－８参照）。

$$\text{回収不能見込率} = \frac{\text{不納欠損額}}{\text{滞納繰越収入額} + \text{不納欠損額}}$$

(4) 負債の部

負債の部については，固定負債と流動負債に分けて表示される。

1) 固定負債

固定負債は「地方債」，「長期未払金（債務負担行為）」，「退職手当引当金」に分類して表示される。

①地方債

　貸借対照表日における地方債残高から流動負債の部に計上される翌年度の元金償還予定額を控除した額が計上される。

```
┌─────────────────┬─────────────────────────┐
│                 │      負　債             │
│                 │ 1 固定負債              │
│     資　産      │  （1）地方債            │
│                 │  （2）長期未払金        │
│                 │    ①物件の購入等       │
│                 │    ②債務保証又は損失補償│
│                 │    ③その他             │
│                 │  （3）退職手当引当金    │
│                 ├─────────────────────────┤
│                 │      純資産             │
└─────────────────┴─────────────────────────┘
```

②長期未払金

　債務負担行為のうち，すでに確定した債務とみなされるものについては，期末日より1年以内の支出予定額として流動負債の部に計上される「未払金」を除いた金額を「長期未払金」として計上している。その内容としては，以下のとおりである。

・物件等の購入等：PFI（Private Finance Initiative）等の手法により計上した有形固定資産について翌々年度以降の支出予定額など。

・債務保証または損失補償：債務保証契約および損失補償契約に基づく債務の履行を求められて，法的に支払が確定した額のうち，流動負債の未払金に計上される1年以内の支出予定額を除いた額を計上する。第2章で指摘したように，第3セクター等への損失補償等は自治体の一般会計への財政ストレスとなる可能性があるため，この数値を計上することによって，明確にその規模を開示しておく必要がある。

③退職手当引当金

　退職金は，職員が1年間勤務したことに対して発生する給与債権の一部で

ある。したがって，支給時点で全額計上するのではなく，勤務期間にわたって毎年度，1年間に発生した債権にかかる分を行政コスト計算書に「退職手当引当金繰入等」としてコスト計上する一方で，当該コストを前年度までの退職手当引当金に加算した額を退職手当引当金として計上することになる。

④その他

①から③以外の負債で，支出の予定時期が1年を超えて到来するもの，および，歳計外現金として処理されている「預かり保証金」や「敷金」などについて3月31日現在で重要な残高がある場合に計上する。なお，歳計外現金については，固定負債に計上した額と同額を固定資産にも「歳計外現金」として計上することになるが，その管理方法や，厳格に執行管理されていることを確認する必要がある。

2）流動負債

流動負債は「地方債翌年度償還予定額」，「短期借入金（翌年度繰上充用金）」，未払金，翌年度支払予定退職手当，賞与引当金，その他に分類して表示する。総務省方式改訂モデルでは，「1年ルール」に基づいて，流動負債と固定負債に区分して表示している。以下，簡単に，その内容を説明する。

①地方債翌年度償還予定額

地方債のうち，契約上の返済日に基づいて判断して翌年度の元金償還予定額を流動負債に計上する。これは，借り換え予定や繰上償還など，状況によって方針の変化があり得る実態から考えて，より客観的にとらえられることを重視している。

②短期借入金（翌年度繰上充用金）

短期借入金という勘定名称は，資金繰りのために金銭消費貸借契約を銀行と締結して当該年度内に償還する資金借入である「一時借入金」と紛らわしいが，総務省方式改訂モデルの貸借対照表では，翌年度繰上充用金を指している。

翌年度繰上充用金とは，歳入が歳出に不足する場合，すなわち，形式収支

が赤字になる場合，翌年度の歳入を繰り上げて当該年度の歳入に充てるものである。この数値が計上されていると，自治体財政健全化法における「実質赤字比率」を算出する「一般会計等の赤字」より重篤な「形式収支の赤字」の存在を示していることになる。

③未払金

負債に計上されている債務負担行為のうち，翌年度支出の予定額を示す。

④翌年度支払予定退職手当

翌年度に支出が予定されている退職手当の額であり，翌年度の当初予算額等に計上された数値である。退職手当組合に加入している自治体にあっては，この勘定科目への計上ではなく，全額を長期負債における退職手当引当金に計上するものの，退職手当組合を含めた連結財務書類では，翌年度支払予定退職手当が記入されることになる。

⑤賞与引当金

一定の期間勤務をしたことに対する労働の対価である賞与については，翌年度の6月に支給される期末および勤勉手当は，当該年度の12月から翌年度の5月までの勤務に対して支払われるため，当該年度の12月から3月までの4ヶ月分に支給原因が「発生」していることになる。そこで，当該4ヶ月分に相当する分を行政コスト計算書で認識するとともに，同額を流動負債として計上するものである。

⑥その他

①から⑤以外の負債で，支出の予定時期が1年以内に到来するもの，および，歳計外現金として処理されている「預かり保証金」や「敷金」などについて3月31日現在で重要な残高がある場合，そのうち翌年度支出予定の額を計上する。この歳計外現金については，同額を流動資産に歳計外現金の勘定科目を設けて計上することになる。この歳計外現金についても，固定負債における歳計外現金と同様に，その管理方法や，厳格に執行管理されていることを確認する必要がある。

第4章　財務書類4表の理解

| 資　産 | 負　債 |

負　債
2 流動負債
　①地方債翌年度償還予定額
　②短期借入金(翌年度繰上充用金)
　③未払金
　④翌年度支払予定退職手当
　⑤賞与引当金
　⑥その他

純資産

(5) 純資産の部

　純資産は「資金を投下して形成された資産」と「将来返済する必要がある負債」の差額を意味する。したがって，純資産は資産のうち，「過去に住民から徴収した税金や，国，都道府県からの財源により取得した部分」といえる。なお，総務省方式改訂モデルでは，一般財源等について，公共資産等整備に充てられた一般財源等か，その他の資産形成目的に充てられた一般財源等かを区別している。

　なお，純資産の部の各勘定科目についての詳細は，「4　財務書類の理解【3】　純資産変動計算書」のところで解説する。

資　産　　　　　負　債

純資産
　1 公共資産等整備国県補助金
　2 公共資産等整備一般財源等
　3 その他一般財源等
　4 資産評価差額

貸借対照表
（平成19年3月31日現在）

（単位：千円）

借　　方		貸　　方	
[資産の部]		[負債の部]	
1　公共資産		1　固定負債	
(1)　有形固定資産		(1)　地方債	30,952,709
①生活インフラ・国土保全	33,206,470	(2)　長期未払金	
②教育	22,535,430	①物件の購入等	0
③福祉	1,517,654	②債務保証又は損失補償	0
④環境衛生	1,282,640	③その他	0
⑤産業振興	16,459,834	長期未払金計	0
⑥消防	916,971	(3)　退職手当引当金	6,563,325
⑦総務	10,394,197	固定負債合計	37,516,034
有形固定資産合計	86,313,196		
(2)　売却可能資産	926,240	2　流動負債	
公共資産合計	87,239,436	(1)　翌年度償還予定地方債	2,902,434
		(2)　短期借入金（翌年度繰上充用金）	0
2　投資等		(3)　未払金	0
(1)　投資及び出資金		(4)　翌年度支払予定退職手当	0
①投資及び出資金	6,307,994	(5)　賞与引当金	318,271
②投資損失引当金	0	流動負債合計	3,220,705
投資及び出資金計	6,307,994		
(2)　貸付金	166,496	負債合計	40,736,739
(3)　基金等			
①退職手当目的基金	0	[純資産の部]	
②その他特定目的基金	625,201	1　公共資産等整備国県補助金等	16,058,098
③土地開発基金	0		
④その他定額運用基金	0	2　公共資産等整備一般財源等	54,715,622
⑤退職手当組合積立金	0		
基金等計	625,201	3　その他一般財源等	△13,767,816
(4)　長期延滞債権	501,094		
(5)　回収不能見込額	△121,447	4　資産評価差額	118,654
投資等合計	7,479,338		
		純資産合計	57,124,558
3　流動資産			
(1)　現金預金			
①財政調整基金	1,427,954		
②減債基金	601,940		
③歳計現金	1,014,674		
現金預金計	3,044,568		
(2)　未収金			
①地方税	103,482		
②その他	27,080		
③回収不能見込額	△32,607		
未収金計	97,955		
流動資産合計	3,142,523		
資産合計	97,861,297	負債・純資産合計	97,861,297

（出所）天川・小室［2008］p.175, 図表1（原典は, 宇城市財政課）。

3　財務書類の理解【2】　行政コスト計算書

(1) 行政コスト計算書の意義

　行政コスト計算書は、1年間に提供された行政サービスのコスト（経常費用）が当該年度の経常収益でどの程度賄われたか、すなわち「期間負担の衡平性」を表す財務書類である。総務省方式（旧方式）や東京都モデルでは、税収や国県補助金なども経常収益として計上しているため、行政コスト計算書において「期間負担の衡平性」が示されることになる。一方で、基準モデル、総務省方式改訂モデルでは、税収、国県補助金を純資産変動計算書に計上するようになったため、これら2つのモデルにおける行政コスト計算書の意義は、「行政コスト合計から直接の受益者負担を除き、地方税や補助金で賄うべきコスト（純経常行政コスト）がどれだけかを把握する財務書類」ということになる。

(2) 行政コスト計算書の構成

　総務省方式改訂モデルにおける行政コスト計算書は、「経常行政コストの部」と「経常収益の部」に分けられ、その差額が「純経常行政コスト」として計算される。なお、この純経常行政コストは、純資産変動計算書に連関する数値である。

1) 経常行政コスト

　経常行政コストは、さらに、コストの性質による分類（**図表4−9**）と目的による分類（**図表4−10**）とに分けられ、性質別分類と目的別分類とをクロス分析できるようになっている。
　なお、性質別分類は、大きく、「人にかかるコスト」、「物にかかるコスト」、「移転支出的なコスト」、「その他のコスト」に4分類され、資源がどのような要素サービスに消費されたかを示している。これに対して、目的別分

●図表4-9　行政コスト計算書における性質別分類

事　項	性質別分類	説　　明
1 人にかかるコスト	人件費	決算統計上の人件費から退職金及び賞与引当金を除いた金額
	退職手当引当金繰入等	当該年度の退職手当引当金に係る増分（貸借対照表の説明を参照）
	賞与引当金繰入額	次年度6月期の賞与のうち当該年度12月から3月の4ヶ月に発生した分（貸借対照表の賞与引当金と同額）
2 物にかかるコスト	物件費	消耗品等の物品の購入や委託料などサービスの購入に係る額
	維持補修費	建物等の修繕のうち，耐用年数の延長につながるなどの資本的投資に該当しない分
	減価償却費	有形固定資産のうち，当該年度の償却分
3 移転支出的なコスト	社会保障給付	社会的弱者に対する移転支出である生活保護費などの扶助費の金額
	補助金等	民間事業者等への補助などの金額
	他会計等への支出額	企業会計など他会計への繰出金額
	他団体への公共資産整備補助金等	資本投資である普通建設事業費のうち，外郭団体など他の団体が自治体から補助金を財源に公共資産を取得した場合の金額
4 その他のコスト	支払利息	地方債及び一時借入金に係る支払利息
	回収不能見込計上額	（当該年度末における回収不能見込額）－（前年度末回収不能見込額）＋（当該年度中不納欠損額）
	その他行政コスト	失業対策費など上記以外のコスト

●図表4-10　総務省方式改訂モデルの行政コスト計算における目的別分類

行政コスト計算書上の科目	決算統計上の科目
議会	議会費
総務	総務費
福祉	民生費
環境衛生	衛生費
産業振興	農林水産業費，労働費，商工費
生活インフラ・国土保全	土木費
消防（警察）	消防費（警察費）
教育	教育費
その他行政コスト	諸支出金，公債費のうち物件費

※諸支出金に含まれる交通事業，電気事業，ガス事業に対する繰出金については，生活インフラ・国土保全に含める。

第4章 財務書類4表の理解

行政コスト計算書
自 平成18年4月 1日
至 平成19年3月31日

（単位：千円）

【経常行政コスト】

			総額	（構成比率）	生活インフラ・国土保全	その他行政コスト
1	(1)人件費		4,710,868	21.7%	239,924	0
	(2)退職手当引当金繰入等		510,261	2.4%	29,890	0
	(3)賞与引当金繰入額		318,271		24,286	0
	小　計		5,539,400	25.5%	294,100	0
2	(1)物件費		2,102,676	9.7%	82,088	
	(2)維持補修費		147,164	0.7%	76,713	
	(3)減価償却費		2,949,916	13.6%	867,613	
	小　計		5,199,756	24.0%	1,026,414	
3	(1)社会保障給付		3,321,621	15.3%		
	(2)補助金等		2,654,423	12.2%	11,532	
	(3)他会計等への支出額		3,774,633	17.4%	758,973	
	(4)他団体への公共資産整備補助金等		422,778		100,265	
	小　計		10,173,455	46.9%	870,770	
4	(1)支払利息		634,218	2.9%		
	(2)回収不能見込計上額		148,102	0.7%		
	(3)その他行政コスト		0	0.0%		0
	小　計		782,320	3.6%	0	
経常行政コスト　a			21,694,931		2,191,284	0
（構成比率）					10.1%	0.0%

【経常収益】

		一般財源振替額
	総額／生活インフラ／その他	
1 使用料・手数料 b	507,230　　　　87,788　　　　0	70,906
2 分担金・負担金・寄附金 c	253,390　　　　　415　　　　　0	150
経常収益合計（b＋c）d	760,620　　　　88,203　　　　0	71,056
d／a	3.51%　　　　　4.0%　　　　0.0%	
(差引)純経常行政コスト　a－d	20,934,311　　　2,103,081　　　0	△ 71,056

（出所）天川・小室［2008］p.178,図表4（原典は宇城市財政課）。

類とは，コストがどのような政策分野にかかったものであるかを明示するための分類である。総務省方式改訂モデルでは，貸借対照表の有形固定資産の分類に類似した分類を採用している（図表4-10）。

2）経常収益

経常収益については，特定財源として受益者負担額などを示す「使用料・手数料」と「分担金・負担金・寄付金」の2つの科目で，以下の点に留意して表示される。

第1に，「一般目的寄付金」や「使用料・手数料のうち当該事務事業の事業費を超えて収入した額」などのように一般財源に振り替えられた金額については，「一般財源振替額」欄に記入されることになる。

第2に，当該年度末に歳入調定した（施設使用があった）が，当該使用料の現金収入が翌年度はじめにあったような場合は，施設使用の事実に基づいて収益として認識することになる。したがって，貸借対照表上の未収金や長期延滞債権などについて，使用料・手数料，分担金・負担金・寄付金にかかる金額について調整を行う必要がある。具体的には，次の式によって求める数値を，決算統計上の収入額に加算することになる。

> 当該年度未収金等計上額　－（前年度未収金等計上額　－　前々年度末計上額のうち当該年度に不納欠損処理された金額）

4　財務書類の理解【3】　純資産変動計算書

(1) 純資産変動計算書の意義

総務省方式改訂モデルにおいて純資産変動計算書とは，貸借対照表の純資産が，前年度末から今年度末にかけて，どのような要因によって，いくら増減したかを示す財務書類である。具体的には，以下に示す算式によって，期

首純資産額から期末純資産額とが計算される。

純資産変動計算書における純資産期末残高の計算

```
　　当該年度　期首純資産残高（前年度貸借対照表　期末純資産残高）
　　　　　　　　　　　　　　　　　－
　　　　　　①純経常行政コスト（当該年度　行政コスト計算書より）
　　　　　　　　　　　　　　　　　＋
　　　②一般財源，補助金受入額（当該年度　行政コスト計算書の経常収益以外
　　　　　　　　　　　　　　の財源流入額）
　　　　　　　　　　　　　　　　　±
　　　　　　　　　　　　　③資産評価替え等
　　　　　　　　　　　　　　　　　＝
　　当該年度　期末純資産残高（当該年度貸借対照表　期末純資産残高）
```

すなわち，行政サービスの提供にかかるコストのうち受益者負担以外の部分，すなわち，行政コスト計算書における「純経常行政コスト」（①）は純資産の減少をもたらす一方で，地方税や地方交付税などの一般財源や国県補助金などの流入によって（②）純資産が増加することになる。また，固定資産の評価替えや投資等の時価評価などによって当該資産額に増減がある場合（③）には，純資産額も増減することになる。

なお，基準モデルの純資産変動計算書は，「会計期間中の地方公共団体の純資産の変動，すなわち政策形成上の意思決定又はその他の事象による純資産及びその内部構成の変動を明らかにすることを目的として作成する」としている。

(2) 純資産変動計算書の構成

1) 純資産変動計算書の構成

図表4－11が示しているように，純資産変動計算書は，表頭に財源が並び，財源の科目名は，貸借対照表の純資産の部の科目名に一致する。そして，表側において，期首の純資産残高から期末の純資産残高に至る各財源の

●図表4-11　純資産変動計算書の構成

財源の変動理由＼財源	公共資産等整備国県補助金等	公共資産等整備一般財源等	その他一般財源等	資産評価差額
期首純資産残高	○	○	○	○
純経常行政コスト	−	−	○	−
一般財源	−	−	○	−
補助金等受入	○	−	○	−
臨時損益				
科目振替	○	○	○	○
資産評価替えによる変動額	−	−	−	○
無償受贈資産受入	−	−	−	○
その他	−	○	○	−
期末純資産残高	○	○	○	○

※　○は，数値記載箇所を示す。

変動理由が説明されることになる。

次に，表側に記載されている純資産変動計算書の「各財源の変動理由」について，それぞれ説明する。

①純経常行政コスト

当該年度の行政コスト計算書の「純経常行政コスト」の数値が，財源「その他一般財源等」の減少要因として記入されるものである。

②一般財源

財源「その他一般財源等」の増加要因である一般財源の流入を示すものである。具体的には，「地方税」，「地方交付税」，「その他行政コスト充当財源（地方譲与税など）」が該当する。地方税とその他行政コスト充当財源は，い

ずれも，「当該年度末計上額 － 前年度末計上額」を計上することになる。ただし，不納欠損がある場合には，「当該年度末計上額 －（前年度末計上額 － 前年度末計上額のうち当該年度に不納欠損処理された額）」を計上することになる。

③補助金等受入

国県補助金決算額のうち，自己の自治体で行う普通建設事業費（道路などの資本投資額）および貸付金・出資金等の財源となった部分を「公共資産等整備国県補助金等」に計上し，その他を「その他一般財源等」に計上するものである。

④臨時損益

経常的ではない事由に基づく損益を当該内容を示す名称を付した科目名をもって計上するものである。当該科目名には，災害復旧事業費，公共資産売却損益，投資損失，その他臨時損益（債務保証損失，損失補償額，勧奨退職による多額の割増退職金支払額など），がある。

⑤科目振替（財源仕訳）

次の２）科目振替において説明する。

⑥資産評価替えによる変動額

貸借対照表に計上された資産を評価することにより生じた評価差額を計上するものである。たとえば，貸借対照表の１公共資産の部（1）有形固定資産の部に計上されていた土地１億円が，遊休資産として普通財産に転用された場合，（2）売却可能資産に振り替える。この時に，時価評価し，１億５千万円とされた場合は，その差額５千万円を純資産の部の（4）資産評価差額に計上し，「資産評価替えによる変動額」に計上されることになる。

⑦無償受贈資産受入

無償で受贈した資産について，その有形固定資産計上額と同額を無償受贈資産受入の資産評価差額の欄に記入するものである。

⑧その他

以上に該当しない事由がある場合，科目を設定して示すものである。

2) 科目振替

基準モデル，総務省方式改訂モデルともに，純資産変動計算書には，「財源仕訳（科目振替）」が行われることが特徴である。東京都モデルには科目振替（財源仕訳）はない。

総務省方式改訂モデルにおける科目振替（財源仕訳）の考え方は，**図表4－12**のとおりに示すことができる。

図表4－12からもわかるように，科目振替とは，財源移動の理由によって，純資産を構成する科目間で起きる移動を示すものである。

①公共資産整備への財源投入

図表4－13において，たとえば，"現金（資産）によって公共資産を取得した場合"には，借方の"B. その他の資産"が減少し"A. 公共資産等"が同額増加し，一方で，貸方の"h）その他一般財源等"が減少し，"b）公共資産等整備一般財源等"が同額増加することになる。

②公共資産処分による財源増

これは，①の反対である。すなわち，「公共資産等を売却などすることで公共資産に投下されていた資金を回収すること」によって，図表4－14において，売却収入である借方の"B. その他の資産"が増加する一方で売却した資産分の"A. 公共資産等"が減少する。そして，借方の売却収入分に対応する貸方の"h）その他一般財源等"が増加し，売却した公共資産に充当されていた"b）公共資産等整備一般財源等"が減少することになる。"資産評価差額"については，公正価値（再調達原価など）で評価し直した場合の評価差額であり，除却または売却の時に取り崩す処理を行う。

また，公共資産を除却した場合には，財源の回収はないが，臨時損益の固定資産売却損益に，回収されなかった財源分が損失として計上され，同額の"h）その他一般財源等"が減額されることになる。

③貸付金・出資金等への財源投入

貸付金・出資金等への財源投入が現金による場合には，①の「公共資産整備への財源投入」と同様に，貸付金・出資金等に対して補助金等以外にどれ

●図表4-12 総務省方式改訂モデルの純資産変動計算書における財源仕訳の様子

	公共資産等整備国県補助金等	公共資産等整備一般財源等	その他一般財源等	資産評価差額
公共資産整備への財源投入		①増	←減	
公共資産処分による財源増	減→	減→	②増	←減
貸付金・出資金等への財源投入		③増	←減	
貸付金・出資金等の回収等による財源増	減→	減→	④増	
減価償却による財源増	減→	減→	⑤増	
地方債償還に伴う財源振替		⑥増	←減	

※ 「減→」および「←減」から「増」へ，財源が振り替えられる。

●図表4-13 貸借対照表の構造

（借方）	（貸方）
A. 公共資産等	a）地方債（建設債）
	b）公共資産等整備国県補助金等
	c）公共資産等整備一般財源等
	d）資産評価差額
B. その他の資産	e）地方債（赤字債）
	f）地方債（他団体補助充当分）
	g）その他の負債
	h）その他一般財源等

だけの一般財源等が充当されたかを示すことになる。

④貸付金・出資金等の回収等による財源増

　貸付金・出資金等の回収が現金であった場合を例に取れば，②の「公共資

純資産変動計算書

自 平成18年4月 1日
至 平成19年3月31日

(単位:千円)

	純資産合計	公共資産等整備国県補助金等	その他一般財源等	資産評価差額
期首純資産残高	56,731,585	15,318,648	△12,757,635	118,654
純経常行政コスト	△20,934,311		△20,934,311	
一般財源				
地方税	5,185,897		5,185,897	
地方交付税	9,779,057		9,779,057	
その他行政コスト充当財源	2,407,897		2,407,897	
補助金等受入	4,317,051	1,415,788 建設補助金	2,901,263	
臨時損益				
災害復旧事業費	△367,418		△367,418	
公共資産除売却損益	10,524		10,524	
投資損失	△5,724		△5,724	
科目振替				
公共資産整備への財源投入			△1,302,134	
貸付金・出資金等への財源投入			△59,126	
貸付金・出資金等の回収等による財源増		0	526,994	
減価償却による財源増		△676,338	2,949,916	
地方債償還に伴う財源振替			△2,103,016	
資産評価替えによる変動額	0			0
無償受贈資産受入	0			0
その他	0	その他 0		
期末純資産残高	57,124,558	16,058,098	△13,767,816	118,654

(出所) 天川・小室 [2008] p.179, 図表6 (原典は宇城市財政課)。

産処分による財源増」と同様に，これらに充当していた財源について，一般財源等への振替を行うことになる。

⑤減価償却による財源増

　減価償却とは，時間の経過に伴って有形固定資産の価値が減少することを意味するものであるから，減価償却費に計上した額が有形固定資産の計上額から減少する。したがって，財源についても，図表4－13において，有形固定資産取得の際に充当した財源である"b)公共資産等整備国県補助金等"および／または"c)公共資産等整備一般財源等"を減少させる必要がある。

一方で，減価償却費は，行政コスト計算書において計上されているため，純資産変動計算書に「純経常行政コスト」として計上されることを通じて，減価償却分だけ"h)その他一般財源等"が減少していることになっており，このままでは，減価償却分に相当する分だけ二重に純資産が減少してしまう。そこで，"b)公共資産等整備国県補助金等"および"c)公共資産等整備一般財源等"を減少させた減価償却分を，"h)その他一般財源等"に振り替える必要がある。

⑥地方債償還に伴う財源振替

地方債（建設地方債）によって調達された資金によって公共資産等を整備することで，図表4-13において，"A.公共資産"と財源"a)地方債（建設債）"が増加している。そして，地方債の償還が現金である一般財源によって行われることを考えれば，資産の側からみると，"B.その他資産（現金）"が減少し，財源の側からみると，現金償還分だけ"h)その他一般財源等"がまず減少する。さらに，財源面では，元金償還分だけ"a)地方債（建設債）"から"c)公共資産等整備一般財源等"へと振替が行われることになる。すなわち，償還分だけ，公共資産の財源の中で，地方債から一般財源等へ振替が行われたことになる（以上，①～⑥の記述は，森田［2008年］pp.99～106による）。

5 財務書類の理解【4】 資金収支計算書

(1) 資金収支計算書の意義

資金収支計算書は，資金の流れと残高を示し，貸借対照表の「流動資産の現金（総務省方式改訂モデルでは，歳計現金）」とに連関し，行政コスト計算書を補完する形で資金収支の状況を明らかにするものである。

総務省方式改訂モデルでは，資金収支を性質に応じて，①経常的収支，②公共資産整備収支，③投資・財務的収支の3つに分けている。こうして分類

することにより，年間の資金変動要因は何かが明らかになり，さらに，後述するように，投資的経費はどの財源で賄っているか，負担を将来に先送りしていないかなどをみることができる。さらに，「基礎的財政収支」の計算によって，地方債残高を増加させたかどうかがわかる。

(2) 資金収支計算書の構成と見方
1) 経常的収支の部

自治体の経常的な行政活動に関する資金収支を計上するものである。

支出項目としては，人件費，物件費，社会保障給付，補助金等，支払利息，他会計への事務費等充当財源繰出支出，その他支出となっており，行政コスト計算書の科目に近い。一方で，収入項目については，地方税，地方交付税，国県補助金等，使用料・手数料，分担金・負担金・寄付金，諸収入，地方債発行額，基金取崩額，その他収入であり，行政コスト計算書とは歴然とした違いが2点ある。

第1に，「地方税」，「地方交付税」といった一般財源が経常的収入として計上されていることで，経常的な行政活動を経常的な資金収入で賄うことができたかどうかを評価することが可能となる。第2に，「地方債発行額」，「基金取崩収入」が経常的収入項目に加わっている点である。前者「地方債発行額」は，いわゆる「赤字地方債」であり，当年度の経常的資金支出を当年度の経常的資金収入で賄うことができず，負担を将来世代に先送りしたことを示す。後者「基金取崩額」は，本来ならば，将来的には有形固定資産の取得等を目的に取り崩すために積み立てておいた基金を経常的資金収支の財源に充当してしまったことを示す。こちらの方も，当年度の経常的資金支出を当年度の経常的資金収入で賄えなかったことを示すものである。

2) 公共資産整備収支の部

公共資産整備収支の部には，公共資産整備に伴う支出とその財源とを計上するものである。

資金収支計算書（経常的収支の部）

1　経常的収支合計	
人件費	5,523,201
物件費	2,102,676
社会保障給付	3,321,621
補助金等	2,654,423
支払利息	634,218
他会計等への事務費等充当財源繰出支出	2,848,808
その他支出	514,582
支　出　合　計	17,599,529
地方税	5,192,601
地方交付税	9,779,057
国県補助金等	2,742,305
使用料・手数料	505,642
分担金・負担金・寄付金	247,780
諸収入	256,858
地方債発行額	1,189,500
基金取崩額	535,465
その他収入	2,092,527
収　入　合　計	22,541,465
経　常　的　収　支　額	4,941,936

　支出と財源との対比を明示するのが，資金収支計算書の意義であることから，普通建設事業費の財源に加えて，他会計への建設費繰出の財源も計上することになる。

　なお，公共資産整備収支にある「地方債発行額」は対応する有形固定資産等の形成財源となった建設地方債であり，また，「基金取崩額」も基金の目的に従って取り崩した金額である。

3) 投資・財務的収支の部

　投資・財務的収支の部では，投資活動や借金の返済などの財務活動による資金の移動を示している。

　以上，3部で構成される資金収支計算書では，「1　経常的収支の部（A）」での収支余剰（黒字）によって，「2　公共資産整備の部（B）」および「3

投資・財務的収支の部（C）」の収支不足（赤字）が補てんされるという関係になっている。（A）の収支余剰額＜（B）と（C）の収支不足額、となっている場合には、期首にあった歳計現金は減少していることを示す。

4）基礎的財政収支の情報

資金収支計算書の注記事項として、「一時借入金に関する情報」と「歳計外現金」の情報の他に、「基礎的財政収支」に関する情報が求められている。

基礎的財政収支とは、地方債の利払費と償還額を除いた歳出と、公債発行収入を除いた歳入のバランスをみるもので、**図表4－14**に示すように、両者同額、すなわち、基礎的財政収支が均衡していれば、将来的に公債残高が増えない、という意味で、持続可能な財政運営を実現するための指標として用いられることが多くなってきている。

総務省方式改訂モデルでは、**図表4－15**の様式を用いて、基礎的財政収支を示している。

● 図表4－14　基礎的財政収支のイメージ

歳　入	歳　出
地方債発行収入	利　払　費
	元金償還費
税　収　等	一般歳出等

● 図表4－15　資金収支計算書（注記：基礎的財政収支）

基礎的財政収支（プライマリー・バランス）に関する情報	
収入総額	＋
地方債発行額	△
財政調整基金等取崩額	△
支出総額	△
地方債元利償還額	＋
財政調整基金等積立額	＋
基礎的財政収支	

第4章 財務書類4表の理解

資金収支計算書
自 平成18年4月 1日
至 平成19年3月31日

(単位:千円)

1 経　常　的　収　支　の　部	
人件費	5,523,201
物件費	2,102,676
社会保障給付	3,321,621
〜〜〜〜〜〜〜〜〜〜〜〜	〜〜〜
地方債発行額	1,189,500
基金取崩額	535,465
その他収入	2,092,257
収　入　合　計	22,541,465
経　常　的　収　支　額	4,941,936

2 公 共 資 産 整 備 収 支 の 部	
公共資産整備支出	4,547,598
公共資産整備補助金等支出	422,778
他会計等への建設費充当財源繰出支出	422,497
支　出　合　計	5,392,873
国県補助金等	1,574,746
地方債発行額	1,976,400
基金取崩額	448,411
その他収入	50,443
収　入　合　計	4,050,000
公 共 資 産 整 備 収 支 額	△ 1,342,873

3 投 資 ・ 財 務 的 収 支 の 部	
貸付金	49,036
基金積立額	450,059
他会計等への公債費充当財源繰出支出	520,784
地方債償還額	2,622,426
支　出　合　計	3,642,305
貸付金回収額	69,438
公共資産等売却収入	10,524
その他収入	5,059
収　入　合　計	85,021
投 資 ・ 財 務 的 収 支 額	△ 3,557,284

当年度歳計現金増減額	41,779
期首歳計現金残高	972,895
期末歳計現金残高	1,014,674

※1 一時借入金に関する情報
① 資金収支計算書には一時借入金の増減は含まれていません。
② 平成18年度における一時借入金の借入限度額は5,000,000千円です。
③ 支払利息のうち、一時借入金利子は218千円です。

※2 基礎的財政収支(プライマリーバランス)に関する情報

収入総額		26,676,486 千円
地方債発行額	△	3,165,900 千円
財政調整基金等取崩額	△	526,320 千円
支出総額		26,634,707 千円
地方債元利償還額		3,256,426 千円
財政調整基金等積立額		447,505 千円
基礎的財政収支		53,490 千円

(出所)天川・小室［2008］p.180図表7 (原典は宇城市財政課)

6 連結財務書類の理解

　民間企業の連結財務諸表は，企業集団全体の財政状態および経営成績に関する総合的な会計情報を提供するものである。ここで，連結とは，企業集団内の取引等を相殺消去するなど，企業集団を1つの経済的主体とみなして財務諸表を作成する手続きである。

　自治体においても，普通会計で実施している事業以外に水道事業や下水道事業，病院事業など，さまざまな事業を行っている。また，地方三公社（土地開発公社，地方道路公社，地方住宅供給公社），第三セクターなどを活用して行政サービスを機動的・弾力的に提供している。このような状況の中，自治体全体の財政状況を包括的に把握するために，普通会計だけでなく，連結ベースの財務書類作成が求められるところである。本節では，連結財務書類のうち，特に，貸借対照表を例に，連結における考え方を説明する。

　これまで連結貸借対照表について総務省から「地方公共団体の連結バランスシートの試行について（平成17年9月）」が公表されている。また，地方公会計の整備促進に関するワーキンググループでは，「新地方公会計モデルにおける連結財務書類作成実務手引」を示している（平成21年4月，6月）。

　連結貸借対照表は，自治体と連携協力して行政サービスを実施している関係団体を連結して，公的資金等によって形成された資産の状況とその財源を調達するための負債の全体像を明らかにすることにより，自治体の財政状況の透明性の一層の向上，住民等に対する説明責任の適切な履行を図ることを目的として作成されるものである。

(1) 連結の範囲と連結方法

　連結対象を会計からみれば，普通会計の連結対象としては，まず，公営事業会計が挙げられる。さらに，連結対象となる団体・法人は，「自治体と連携協力して行政サービスを実施している関係団体」であり，自治体の関与お

よび財政支援の下で，当該自治体の事務事業と密接な関連を有する業務を行っている一部事務組合・広域連合，地方独立行政法人，地方三公社および第三セクターである。

連結の方法としては，「全部連結」と「比例連結」とがある。全部連結とは，連結対象となる自治体と団体とのすべての資産，負債を連結する手法である。一方で，比例連結とは，連結対象となる団体の資産，負債のうち，自治体の持分割合を各勘定の財務数値に乗じて連結する手法である。

以下，連結対象ごとに，連結方法を解説する。

1) 一部事務組合・広域連合

自治体が構成団体として加入する一部事務組合・広域連合は，当該構成団体の連結対象となる。一部事務組合・広域連合との連結の手法については，各構成団体の経費負担割合に応じて比例連結を行ったうえで，補足情報（経費負担割合で比例連結をしたこと等）を注記する。また，一部事務組合・広域連合に対する経費負担割合が僅少であるものは，連結の範囲に含めないことができ，この場合にもその旨を注記する。

2) 地方独立行政法人

自治体が設立した地方独立行政法人は，当該設立団体の連結の対象である。複数の自治体が共同して設立する地方独立行政法人については，出資割合や財政支出の状況等から最も密接な関連があると認められる設立団体と全部連結を行う。一方，出資割合や財政支出の状況等からみても，特定の設立団体において全部連結することが適当でない場合には，各設立団体がそれぞれ出資比率等に応じて比例連結を行ったうえで，その旨を注記する。

地方独立行政法人の特定関連会社（企業会計における連結子会社に相当）も地方独立行政法人と財政的に一体であると考えられることから，当該地方独立行政法人とともに連結の対象となる。

3) 地方三公社（土地開発公社，地方道路公社，地方住宅供給公社）

自治体が設立した地方三公社は当該設立団体の連結の対象となる。

なお，複数の自治体が共同して設立する地方三公社については，出資割合や財政支出の状況等から最も密接な関連があると認められる設立団体と全部連結を行う。一方，出資割合や財政支出の状況等からみても，特定の設立団体において全部連結することが適当でない場合には，各設立団体がそれぞれ出資比率等に応じて比例連結を行ったうえで，補足情報（出資比率等に応じて比例連結を行ったこと等）を注記する。

4) 第三セクター

出資50％以上の第三セクターについては，当該出資団体の連結の対象とする。出資比率50％未満の第三セクターについては，役員の派遣，財政支援等の実態から，当該出資団体がその業務運営に実質的に主導的な立場を確保していると認められる場合には，連結の対象とする。連結の対象とするかどうかは，企業会計における支配力基準を参考として，個々の第三セクターの実態に即して各団体が判断する。第三セクターの子会社についても連結の対象となる。支配力基準とは，議決権の所有割合以外に，意思決定機関を支配しているかどうかという実質的な支配関係の有無により連結の範囲を決定する基準である。

(2) 連結手続

連結の手続は，以下のとおりである。

1) 連結対象会計・団体法人の個別財務書類の作成・読替

連結対象となる会計の中には，たとえば，法適用の地方公営企業会計のように，もとより発生主義会計による財務書類が作成されている場合もあれば，法非適用の地方公営企業会計や地方公営企業会計でない公営事業会計のように，官庁会計（現金主義会計）で行われていて発生主義会計による財務

書類が作成されていない会計もある。後者に該当する会計については、連結の前提となる各会計の個別財務書類を作成する必要がある。

また、発生主義会計による財務書類が作成されている会計にあっても、よりどころとなる会計基準は異なっている。地方公営企業法の財務規程であったり、土地開発公社経理基準要綱、公益法人会計基準であったりする、というのが現状である。そこで、「読替」が必要となる。読替とは、会計基準等の相違によって法定決算書類の表示科目が異なるため、所定の連結財務書類の科目にそろえるために行う表示科目の読替手続をいう。普通会計の貸借対照表では、特に、純資産の部の勘定科目が、他のどの会計基準等とも異なっているため、他の会計における純資産の部の勘定科目を、普通会計財務書類の作成要領に準じて作成する必要がある。

2) 連結対象会計・団体法人の個別財務書類の修正

1) によって作成された各連結対象会計の個別財務書類は、連結財務書類の作成要領に記載された資産評価などを行うため、必要な「修正」を行う必要がある。ここで、修正とは、会計基準等が同一でない各会計等の個別財務書類の数値から連結財務書類を作成するに当たって、各会計統一した評価方法等を適用するために行う手続をいう。

なお、以上から、連結対象会計ごとに、連結財務書類作成に当たり求められる処理をまとめると、**図表4-16**のとおりとなる。

3) 連結合算および内部取引の相殺消去

連結手続は、まず、各貸借対照表を単純合算し（以下の①）、次に、内部取引の相殺消去（②・③）を行う。

①単純合算

普通会計および各公営事業会計、連結対象法人の貸借対照表の金額を基礎として、すべてのデータを単純合算する。

●図表 4-16　連結財務書類作成に当たり必要な処理事項

① 公営事業会計（地方公営企業法の財務規程の適用がある企業）

勘定科目等	求められる処理
有形固定資産	みなし償却・補助金（国庫支出金・都道府県支出金）の修正
投資および出資金	投資および出資金の評価
回収不能見込額	債権のうち回収不能と見込まれる額の算定と計上
賞与引当金	賞与引当金の算定と計上
退職手当等引当金	退職給与引当金の算定と計上

② 地方公営企業法の財務規程適用企業以外の公営事業会計
　　必要な作業：決算統計その他資料から，財務書類を作成すること。

③ 地方独立行政法人

連結財務書類	必要な作業
貸借対照表	貸借対照表からの読替および修正
行政コスト計算書	損益計算書からの読替および修正
資金収支計算書	キャッシュ・フロー計算書からの読替および修正

④ 一部事務組合・広域連合
　　必要な作業：決算統計その他資料から，財務書類を作成すること。

⑤ 地方三公社

連結財務書類	必要な作業
貸借対照表	貸借対照表からの読替および修正
行政コスト計算書	損益計算書からの読替および修正
資金収支計算書	キャッシュ・フロー計算書からの読替および修正

⑥ 公益法人

連結財務書類	必要な作業
貸借対照表	貸借対照表からの読替および修正
行政コスト計算書	正味財産増減計算書からの読替および修正
資金収支計算書	キャッシュ・フロー計算書（または，収支計算書）からの読替および修正

⑦ 社会福祉法人

連結財務書類	必要な作業
貸借対照表	貸借対照表からの読替および修正
行政コスト計算書	事業活動収支計算書からの読替および修正
資金収支計算書	キャッシュ・フロー計算書からの読替および修正

⑧ 株式会社

連結財務書類	必要な作業
貸借対照表	貸借対照表からの読替および修正
行政コスト計算書	損益計算書からの読替および修正
資金収支計算書	キャッシュ・フロー計算書からの読替および修正

②自治体全体の純計を算出するための個別会計間の調整

○会計間の貸付金・借入金を相殺する。

○投資及び出資金・資本金（純資産）を相殺する。

投資及び出資金・資本金等の相殺を図示すると，**図表4－17**のとおりである。すなわち，普通会計からの投資及び出資金10と連結対象法人における資本金（純資産）10とが単純連結においては重複計算になっているため，相殺しなければならない。

③出納整理期間中における現金の受払い等の調整

出納整理期間とは，会計年度を経過した後でも，その年度の収入・支出の経理を行うことができる期間で，翌年度4月1日から5月31日までの2ヶ月間のことをいう。普通会計の貸借対照表上，出納整理期間に入出金が行われたものは3月末に決済されたものとして取り扱われている。

一方，連結の対象となる会計や法人では貸借対照表上「（普通会計に対する）未収金，未払金」として計上されているため，連結上調整する必要がある。

●図表4-17　投資及び出資金・繰入資本金等との相殺

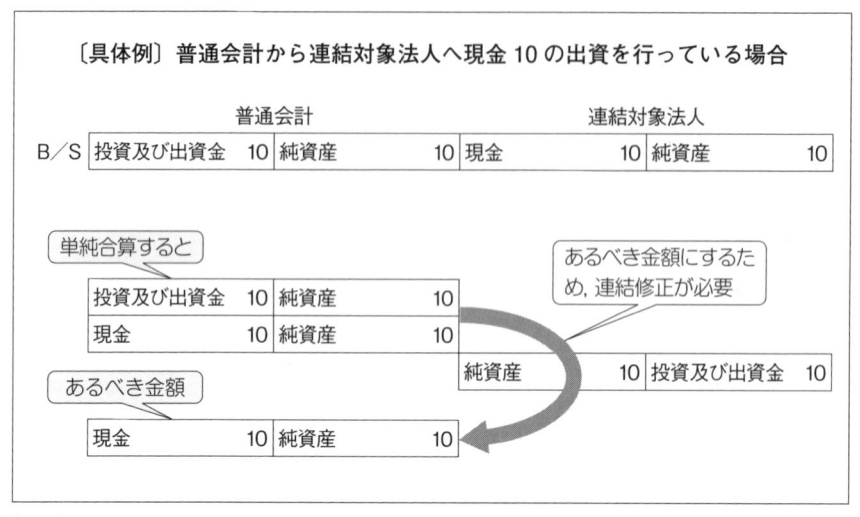

〔具体例〕普通会計から連結対象法人へ現金10の出資を行っている場合

	普通会計				連結対象法人		
B/S	投資及び出資金	10	純資産	10	現金 10	純資産	10

単純合算すると

| 投資及び出資金 | 10 | 純資産 | 10 |
| 現金 | 10 | 純資産 | 10 |

あるべき金額にするため、連結修正が必要

| 純資産 | 10 | 投資及び出資金 | 10 |

あるべき金額

| 現金 | 10 | 純資産 | 10 |

(出所) 関西学院大学専門職大学院経営戦略研究科 [2006]。

(3) 連結財務書類の見方

　連結貸借対象表を作成することにより，自治体の資産形成や負債の全体像が明らかになる。たとえば，土地開発公社の場合，5年以上売却されずに保有されている，いわゆる「塩漬け土地」の問題がある。土地価格が下落している現在，すなわち，時価が低下している時期に土地開発公社自身の貸借対照表には，取得価格（および借入金の利子を加えた額）を簿価にして計上されているから，時価の下落は当該貸借対照表には，全く反映されていない。普通会計で買い取る時に時価と簿価の差が問題になってくるから，結局買い取りをしないと，そのまま取得原価で土地開発公社の貸借対照表に計上されたままとなってしまう。しかし，連結財務書類を作成することにより，土地開発公社保有の売却土地は，連結財務書類において公正価値（時価）で計上することが求められ，図表4-18に示すように，売却可能資産などに計上されることになる。

　また，連結行政コスト計算書，連結資金収支計算書では，たとえば，普通

会計からの補助金や委託料によって連結対象団体が事務事業の執行を行っている場合，普通会計の行政コスト計算書における「補助金支出」，「委託料支出」と連結対象団体における「補助金収入」，「委託料収入」とは内部取引として相殺されて，結果として財務書類に現れるのは，補助金や委託料によって連結対象団体が支出した人件費や物件費である。すなわち，自治体の財務活動の全体像が表わされることになる。

◉図表４−18　連結科目対応表の例（土地開発公社の場合）

土地開発公社の貸借対照表における勘定科目		読　替	新地方公会計モデル（改訂モデル）連結貸借対照表における勘定科目	
流動資産	公用地，代行土地	連結科目対応表	有形固定資産	土地の取得区分により区分
	市街地開発用地		有形固定資産	生活インフラ・国土保全
	特定土地		売却可能資産	
	完成土地等開発中土地		流動資産	販売用不動産
有形固定資産			有形固定資産	その他

（出所）地方公会計の整備促進に関するワーキンググループ［2009］p.18。

第5章

財務分析の実際―財務書類の活用

自治体における財務分析は，これまでも決算統計に基づいて行われてきた。一方で，2007（平成19）年に成立した「地方公共団体の健全化に関する法律（財政健全化法）」により，2008（平成20）年度決算からは，準用再建団体に代わり，「再生団体」，「早期健全化団体」の指定をするための財務数値として，新たに，健全化判断比率が用いられ，その分析対象も，普通会計を超えて拡大されている。

　さらに，現金主義会計である現行の自治体会計では十分に説明責任を果たせない「ストック情報（資産，負債，純資産）」，「フロー情報（収益，費用）」について，財務書類4表による財務数値が有用であることは，前章で述べたとおりである。

　以上から，現在の自治体の財務分析の取り組みには，以下の3つがあるといえるだろう。

①決算統計による財務分析（収支分析，財政力分析など）
②財政健全化法に基づく財務分析（健全化判断比率）
③財務書類4表による財務分析

1　決算統計による財務分析

(1)　決算統計と決算カード

　地方財政の状況を統一的な基準で調査・集計したものとして，「決算統計」がある。これは，「地方自治法等の規定に基づく地方公共団体の報告に関する総理府令（昭和28年総理府令32号）」に基づいて，各自治体が毎年度の決算状況を集計し作成した統計である。正式には「地方財政状況調査表」と呼ばれており，これらをまとめたものが「地方財政白書」として公表されている。また，この数十ページからなる決算統計を1枚の紙に簡潔にまとめた一覧表が「決算カード」であり，総務省が全国統一の様式を定めている。

　決算統計では，主に普通会計を対象として，人口規模と産業構造によって

自治体を「類似団体」に区分し、それぞれの財政状況を比較した「類似団体別市町村財政指数表」を作成している。これら類似団体との比較により各市町村の特徴を分析することが可能となる。

(2) 決算統計を用いた財務分析

1) 財政の健全性分析（収支分析）

当該年度の収入で当該年度の支出が賄われているかどうかを分析することで、資金繰りがどの程度なのかを把握する。財政の健全性を分析するための指標としては、「形式収支」、「実質収支」、「単年度収支」、「実質単年度収支」などがある。

①形式収支

> 形式収支 ＝ 歳入総額 － 歳出総額

形式収支とは、単純に歳入総額から歳出総額を差し引いた「歳入歳出差引」を指している。歳入とは一会計年度における一切の収入をいい、地方税や地方交付税、国や都道府県からの補助金、基金の取崩し、地方債発行による収入などがある。一方、歳出とは一会計年度における一切の支出をいい、職員に対する給料や退職手当、生活保護や児童福祉の手当、施設やインフラの建設費、地方債の償還金などがある。したがって、形式収支は一会計年度の現金収支差額を表している。

なお、歳入総額には前年度からの繰越金も含まれているため、通常であれば形式収支はプラスとなるが、形式収支がマイナスとなった場合（現金の不足が生じた場合）は、翌年度の歳入を繰り上げてその赤字分に充てることとなる。これを繰上充用という。本来、自治体の予算は会計年度ごとに区切られており、各年度の歳出は各年度の歳入をもってこれに充てなければならないとする会計年度独立の原則がある。したがって、繰上充用が発生している

場合は，相当に資金繰りが逼迫していると考えられる。なお，財務書類4表では，繰上充用金は，貸借対照表の「流動負債の部　短期借入金（繰上充用金）」として計上される。

②**実質収支**

$$実質収支 \;=\; 形式収支 \;-\; 翌年度に繰り越すべき財源$$

実質収支とは，その会計年度に帰属すべき収支差額であり，形式収支から翌年度に繰り越すべき財源を差し引いたものである。

行政活動の中では，用地取得の遅れや災害の発生などにより年度内に支出が終わらないもの（翌年度繰越額）が発生するが，これらの支出に対する財源のうち，すでに収入されているものについては，翌年度以降に発生する当該支出に充てる必要があるため，形式収支から控除する。実質収支は，その年度の実質的な黒字（赤字）額を表しており，資金繰りの健全性を表す重要な指標である。ただし，自治体は歳入に見合った歳出を行うべきであり，黒字額が大きいことが必ずしも良いとはいえない。

③**実質収支比率（実質赤字比率）**

$$実質収支比率 \;=\; \frac{実質収支額}{標準財政規模}$$

実質収支比率は，実質収支額を標準財政規模で除した指数であり，概ね3〜5％が望ましいとされている。なお，標準財政規模とは，標準的な状態で通常収入される経常的一般財源の規模を表したものである。この数値が，平成19年度までの長い間にわたって，自治体の財政破綻といわれる「財政再建準用団体」決定の判定式となっていた。すなわち，実質収支比率のマイナス比率，すなわち，「実質赤字比率」が20％以下（都道府県の場合は5％以下）となった場合は，「地方財政再建促進特別措置法（旧法）」に定める「財政再

建準用団体」となり，財政再建計画を作成して財政再建を行わなければ，地方債の発行が原則としてできないこととなっていた。なお，前述したように，2009（平成21）年度から本格施行される財政健全化法においても，「実質赤字比率」は存続する。ただし，普通会計に替えて，「一般会計等」の実質赤字が対象となるが，概ね，同一である。

④ **単年度収支**

> 単年度収支 ＝ 当年度の実質収支 － 前年度の実質収支

　実質収支には前年度からの繰越金も含まれるため，その影響を控除した単年度での実質収支を表したものが単年度収支である。

⑤ **実質単年度収支**

> 実質単年度収支 ＝ 単年度収支 ＋ 実質的な黒字要素 － 実質的な赤字要素

　単年度収支には，実質的な黒字要素（財政調整基金への積立額および地方債の繰上償還額）や実質的な赤字要素（財政調整基金の取崩し額）の影響が含まれているため，これらの影響を除いたものが実質単年度収支である。

　つまり，資金に余剰を生じたため基金への積立や地方債の繰上償還を行っている場合であっても，あるいは，資金に不足を生じたため基金の取崩しで賄った場合であっても，単年度収支では判別できないため，実質的な単年度収支を表す指標として実質単年度収支を利用するのである。

2）財政力分析

　標準的なサービスをするのに必要な一般財源額を満たすだけの力があるかという観点から，自治体の「財政力」を判断する指標として，「財政力指数」がある。

財政力指数

$$\text{財政力指数} = \frac{\text{基準財政収入額}}{\text{基準財政需要額}}$$

基準財政需要額とは，合理的かつ妥当な水準における行政を行い，または施設を維持するための財政需要額であり，標準的な行政サービスを提供するのに必要な一般財源の額を表している。一方，基準財政収入額とは，標準的な状態において徴収が見込まれる税収入である。したがって，財政力指数とは潜在的な財政の余裕度を表した指標である。この財政力指数が1未満の自治体には普通交付税が交付されるが，1を超えると不交付団体となり交付されなくなる。財政力指数は，ストックとしての基金残高や地方債残高をほとんど考慮しないため，潤沢な基金を保有する自治体に多額の交付税が交付される一方で，多額の公債費負担にあえいでいる自治体に普通交付税が交付されないなどの矛盾も生じている。なお，財政力指数は過去3年間の平均値をとる。

3）歳入・歳出分析：財政運営の質をみる
①経常一般財源等比率

$$\text{経常一般財源等比率} = \frac{\text{経常一般財源等収入}}{\text{標準財政規模}}$$

一般財源は使途が自由な財源であることから，一般財源の割合が高いほど財政運営の自由度が高いといえる。さらに，一般財源のうち「経常的」な収入が多いほど財政運営の安定度が高いといえる。これらの観点から分析した指標が経常一般財源等比率であり，この数値が100を超える度合いが高いほど，経常的な一般財源等収入に余裕があり，財政の自由度・安定性が高いと

される。この数値が高いということは，徴収率の向上や独自課税の実施などにより歳入増加の努力を行っているものと推測される。

②経常収支比率

$$経常収支比率 = \frac{経常経費充当一般財源}{経常一般財源＋減税補てん債＋臨時財政対策債}$$

　経常的な一般財源収入のどれだけが経常的な経費に充てられたかを示した指標であり，財政構造の弾力性を示す指標である。すなわち，この比率が低ければ，社会資本整備などの投資的経費や地方債の繰上償還などに充てられる資金が多いことを表しており，逆に，この比率が高いと，一般財源のほとんどが経常的な経費に費やされるため使途の自由度がほとんどなく，硬直した財政構造となっていることを表している。

　一般的に経常収支比率は70～80％が望ましいとされているが，2008（平成20）年度の自治体全体の経常収支比率は93.4％となっており，地方財政の硬直化が進んでいることがわかる。ただし，70～80％が望ましいとされていたのはインフラ整備が進んでいない時代の名残であろう。現在のように社会資本整備が進んだ状況下では，むしろハード面の整備よりもソフトサービスの充実が求められていると思われる。したがって経常収支比率が低い場合，財政的な余裕があることはわかるが，サービス水準やハード・ソフトのバランスに問題がないかについては留意する必要がある。また，経常収支比率が高い場合には，どの性質別経費が原因かを分析する必要がある。

4）財政構造分析

　以下の①～③の分析指標は，2008（平成20）年度以降，決算統計における自治体財務分析の対象とはなっていないものの，これまで長きにわたり決算統計上の数値として分析されてきたため，簡単に整理しておく。

①**公債費負担比率**

$$公債費負担比率 = \frac{公債費充当一般財源}{一般財源総額}$$

公債費負担比率とは，公債費に充てられた一般財源の一般財源総額に対する割合であり，公債費による財政負担がどの程度一般財源の使途を拘束しているかを表している。

②**公債費比率**

$$公債費比率 = \frac{公債費充当一般財源（繰上償還分を除く）－災害復旧費等にかかる基準財政需要額}{標準財政規模－災害復旧費等にかかる基準財政需要額}$$

公債費比率とは，元利償還金に充てられた一般財源の標準財政規模に対する割合であり，公債費による財政負担を一般財源ベースで表したものである。

③**起債制限比率**

$$起債制限比率 = \frac{公債費比率の分子－事業費補正にかかる基準財政需要額}{公債費比率の分母－事業費補正にかかる基準財政需要額}$$

事業費補正に係る基準財政需要額とは，普通交付税の算定において基準財政需要額に算入された公債費であり，公債費のうち普通交付税が措置されたものを表している。したがって，上記の2つの指標に対し，実質的にその自治体の負担となる公債費がどの程度であるかをより正確に表したものである

といえる。平成19年度の全自治体の起債制限比率は11.2％となっている。2005（平成17）年度までの許可制度において，その判断指標として用いられていた。

なお，公債費比率と起債制限比率との差異は，計算式からも明らかなように，建設事業等にかかる起債において，その元利償還金を地方交付税で補てんされる「有利な起債」が多いほど，その差異が大きくなる。

2 財政健全化法の健全化判断比率による財務分析

(1) 財政健全化法（地方公共団体の財政の健全化に関する法律）

財政健全化法は，自治体財政を健全化／再生するという基本法的な性格をもつ法律である。すなわち，これまでの地方財政再建促進特別措置法（以下，「財政再建法」という）における財政再建スキームにおいて指摘されていた課題に対する対応を盛り込んだのが，財政健全化法であるといえる。その課題と対応を簡単に整理すると，**図表5－1**のとおりである。

すなわち，財政健全化法を財務分析の視点からみると，その分析対象を拡大し（第2章図表2-2のとおり），さらに，分析指標として，これまでの収支を中心とする分析指標だけでなく，ストック指標を加えていることが特徴であろう。

(2) 財政健全化法による財務分析

1) 財務分析による措置

財政健全化法における財務分析指標は，健全化判断比率と呼ばれ，①実質赤字比率，②連結実質赤字比率，③実質公債費比率，④将来負担比率の4指標である。このうち，起債発行制限などを受け，国等の関与による確実な再生を求められる「再生団体」の指定は，①から③の指標のいずれかが再生基準を超えた場合であり，自主的な改善努力による早期の財政健全化対象とな

●図表5-1　財政再建法（旧法）と財政健全化法（新法）の対比

財政再建法（旧法）における課題	財政健全化法（新法）による旧法の課題への対応
○財政破綻団体として「再建団体」の基準だけであり，早期是正機能がないこと。 ○公営企業も「再建制度」のみであること。	○自主的な改善努力による財政健全化を促す「早期健全化団体」を措置。 ○公営企業にも早期健全化の措置。
○普通会計を中心にした収支の指標「実質赤字比率」のみであること。	○普通会計（新法では一般会計等）の収支の指標「実質赤字比率」に加え，公営事業会計の収支を連結した「連結実質赤字比率」，さらに，一部事務組合等を加えて公債費の状況を判断する「実質公債費比率」を加えた。
○負債等ストック情報を判断する指標がないこと。	○一般会計等，公営事業会計，一部事務組合，地方独立行政法人，第三セクター等の負債等ストック情報を判断する指標「将来負担比率」を付加した。

る「健全化団体」の指定には，4指標すべてが関係する。なお，健全化団体，再生団体のいずれにも該当しない団体を「健全団体」と呼び，これらの意義は，**図表5-2**に示すとおりであり，財政健全化法では，監査委員，議会の関与が大きいことがわかる。

2) 財政健全化法による4つの指標
①実質赤字比率

$$実質赤字比率 = \frac{繰上充用額＋（支払繰延額＋事業繰越額）}{標準財政規模}$$

支払繰延額：実質上歳入不足のため，支払を翌年度に繰り延べた額
事業繰越額：実質上歳入不足のため，事業を繰り越した額

●図表5-2　健全団体，健全化団体，再生団体の意義

区　分	意　義	求められる対応
健全団体	4指標の整備と情報開示の徹底	4指標の算定について，監査委員の審査に付し議会に報告し公表
健全化団体	自主的な改善努力による財政健全化	・財政健全化計画の策定と議会の議決 ・外部監査の要求の義務づけ ・実施状況を毎年度議会に報告し公表 ・早期健全化が著しく困難と認められるときは，総務大臣または知事が必要な勧告を行う。
再生団体	国等の関与による確実な対応	・財政再生計画の策定と議会の議決 ・外部監査の要求の義務づけ ・財政再生計画は，総務大臣に協議し同意を求めることができる。同意がない場合は，災害復旧事業等を除き地方債の起債を制限。同意がある場合は，収支不足額を振り替えるための再生振替特例債の起債可 ・財政運営が計画に適合しないと認められる場合等においては，予算の変更等を勧告

　一般会計等を対象とした実質赤字の標準財政規模に対する比率であり，旧法である財政再建法と同様である。ただし，旧法では，前述した決算統計における数値として「実質赤字比率」が算出されており，議会での議決を受ける一般会計，特別会計とは切り離された存在であった。財政健全化法で，はじめて，実質赤字比率が法律の中で定義され，それも，「一般会計等」とすることで，議決対象となる予算上の数値と連動する指標となったことの意義は大きい。措置にかかる基準値は，以下のとおりである。

　※早期健全化基準　都道府県：3.75%
　　　　　　　　　　政令市・標準財政規模500億円以上の市：11.25%
　　　　　　　　　　標準財政規模500～200億円の市：12.5%
　　　　　　　　　　標準財政規模200億円未満の市町村：15%

※再生基準　財政再建法施行令と同じ基準を採用

　　　　都道府県：5％
　　　　市町村　：20％

なお，上記再生基準において財政健全化法による起債許可が行われるが，再生基準未満の一定の数値では，地方財政法に基づく起債許可（同意等基準）の対象となる。

② **連結実質赤字比率**

$$\text{連結実質赤字比率} = \frac{(A + B) - (C + D)}{\text{標準財政規模}}$$

A：一般会計および公営企業（地方公営企業法適用企業・非適用企業）以外の特別会計のうち，実質赤字を生じた会計の実質赤字の合計額

B：公営企業の特別会計のうち，資金の不足を生じた会計の資金の不足額の合計額

C：一般会計および公営企業以外の特別会計のうち，実質黒字を生じた会計の実質黒字の合計額

D：公営企業の特別会計のうち，資金の剰余額を生じた会計の資金の剰余額の合計額

　普通会計（一般会計等）の実質赤字額だけでなく，公営事業会計の実質赤字額（資金不足額）をも連結している。「連結」としているものの自治体会計に関するすべてを連結対象にしたわけではない。しかし，一般会計との間で繰出・繰入の密接な関係にある公営事業会計の財政健全性は，自治体全体にとっても大きな課題であり，事実，病院事業や下水道事業，国民健康保険事業，介護保険事業などにおける財政悪化が一般会計に影響を与えている事例も多く，この指標によって，これらの事業の運営状況が把握できるようになる。

※早期健全化基準　都道府県：8.75％

政令市・標準財政規模500億円以上の市　16.25%

標準財政規模500〜200億円の市：17.5%

標準財政規模200億円未満の市町村：20%

※再生基準　　都道府県：15%

　　　　　　　市町村　：30%

③実質公債費比率

《以下の式の3ヶ年平均》

実質公債費比率＝

$$\frac{(元利償還金＋準元利償還金（E））－（特定財源＋元利償還金・準元利償還金にかかる基準財政需要額算入額）}{標準財政規模－（元利償還金・準元利償還金にかかる基準財政需要額算入額）}$$

意義：一般会計等が負担する元利償還金および準元利償還金の標準財政規模に対する比率

【準元利償還金（E）の内容】

①満期一括償還地方債について，償還期間を30年とする元金均等年賦償還をした場合の1年当たりの元金償還金相当額

②一般会計等から一般会計等以外の特別会計への繰出金のうち公営事業債の償還に充てたと認められるもの

③組合・地方開発事業団への負担金・補助金のうち，組合等が起こした地方債の償還の財源に充てたと認められるもの

④債務負担行為に基づく支出のうち公債費に準ずるもの

　実質公債費比率は，財政健全化法以前（2006（平成18）年度）から存在していた指標であり，2005（平成17）年度までの起債許可制度における起債制限比率（前述）を，厳格化および透明化の観点から見直しを行ったものである。地方財政法において，地方債の発行について，以下の規定がある。

・18%未満：地方債の発行について，総務大臣と都道府県知事との間での

同意を要する協議制で原則自由に発行
- 18％以上25％未満：地方債発行について許可制となり，「公債費負担適正化計画」の提出義務
- 25％以上35％未満：一般単独事業債と公共用地先行取得事業債の起債の制限
- 35％以上：一般公共事業債の起債も制限

一方で，財政健全化法による措置では，以下の数値が適用される。

　　※　早期健全化基準　　都道府県・市町村：25％
　　※　再生基準　　　　　都道府県・市町村：35％

なお，実質公債費比率の計算対象となる会計の範囲は，連結実質赤字比率の対象となった公営事業会計に加えて，一部事務組合，広域連合が入り，その捕捉範囲はさらに拡大することになる。

④ **将来負担比率**

将来負担比率　＝

$$\frac{\text{将来負担額（F）}-(\text{充当可能基金額}+\text{特定財源見込額}+\text{地方債現在高等にかかる基準財政需要額参入見込額})}{\text{標準財政規模}-(\text{元利償還金・準元利償還金にかかる基準財政需要額算入額})}$$

【将来負担額（F）の内容】

① 一般会計等の地方債現在高
② 債務負担行為に基づく支出予定額（地方財政法第5条各号の経費等にかかるもの）
③ 一般会計等以外の会計の地方債の元利償還に充てる一般会計等からの繰入見込額
④ 当該団体が加入する組合等の地方債の元金償還に充てる当該団体からの負担等見込額
⑤ 退職手当支給予定額（全職員に対する期末要支給額）のうち，一般会計等の負担見込額

> ⑥設立した一定の法人の負債の額,その者のために債務を負担している場合の当該債務の額のうち,当該法人等の財務・経営状況を勘案した一般会計等の負担見込額
> ⑦連結実質赤字額
> ⑧組合等の連結実質赤字相当額のうち一般会計等の負担見込額

　新しく設定された指標であり,その意義は,債務の範囲を第三セクターの損失補償額まで拡大していること,そのうえで,「一般会計等の地方債残高」,「債務負担行為支出予定額」,「退職金引当額」,「繰出予定額」,「損失補償額」などの一般会計等が最終的に負担すべき確定債務・予定債務・偶発債務をストックベースで算出した数値を求めていることであろう。このストックベースの債務数値から,「基金残高」という同じくストックベースの数値を控除している点も,この指標が,ストックの指標であるといわれるゆえんである。

　なお,算定対象となる会計は,実質公債費比率の範囲に加えて,さらに,地方独立行政法人,地方公社,第三セクターが加わり,4つの指標では最も広範囲になる。なお,この指標では,早期健全化基準のみが設定され,再生基準はない。

　※早期健全化基準　都道府県・政令市：400％
　　　　　　　　　　市町村：350％

3）健全化判断比率の状況（平成19年度）

　2007（平成19）年度決算における「実質赤字比率」については,2団体が早期健全化基準以上であり,うち1団体が財政再生団体基準以上となっており,実質赤字額があるのは,都道府県で1団体,市区町村で23団体となっている。連結実質赤字比率は,早期健全化基準以上の団体が11団体,うち2009（平成21）年度の財政再生基準（40％）による財政基準団体が2団体となっている。

実質公債費比率については，33団体（全て市区町村）が早期健全化基準以上であり，うち2団体が財政再生基準以上である。都道府県の平均値は13.5％，市区町村の平均値は12.3％である。将来負担比率では，5団体（全て市区町村）が早期健全化基準以上であり，都道府県の平均値は222.3％，市区町村は110.4％となっている。なお，健全化団体および再生団体の指定は，2009（平成21）年度（平成20年度決算）から実施される。

3　財務書類4表を用いた財務分析

財務書類4表による財務分析については，まず，これまでの歳入歳出決算書ではどのような説明責任の限界があり，それら限界について，どの財務書類が応えられるかを確認しておくことが，その理解を容易にするであろう（図表5-3）。

(1)　総務省方式改訂モデルを用いた財務書類の分析

図表5-3を基にしながら，財務書類4表を用いた財務分析指標を提示し，説明する。

①社会資本形成の世代間負担比率

$$過去および現世代による負担比率 = \frac{純資産合計}{有形固定資産合計}$$

$$将来世代による負担比率 = \frac{地方債合計}{有形固定資産合計}$$

貸借対照表において，純資産は，過去および現世代の負担により形成された資産の額を示している。したがって，有形固定資産残高に対する純資産の

割合は,現存する社会資本(有形固定資産)のうち,どれだけこれまでの世代の負担(すでに納付された税金等)で賄われたかを示すものである。有形固定資産は,それを使用することにより行政サービスを生み出すものである。したがって,この比率が高ければ,これまでの世代が負担した税金等で形成された資産から,将来にわたってサービスが受けられるため,将来世代の負担が少ないといえる。逆に,有形固定資産残高に対する地方債残高の割合が高ければ高いほど,現在使用する資産を将来納付される税金等(将来世代の負担)により形成していることになるため,将来世代の負担が大きいといえる。これらの比率をみることで,社会資本の整備が世代間でどのように負担されているか(社会資本形成の世代間負担比率)を考察することができ

◉図表5-3　歳入歳出決算書の説明の限界と財務書類4表

歳入歳出決算書では説明できない部分	対応する財務書類
・次世代に引き継ぐ資産はどの程度あるか ・その財源の負担者は誰か ・特に,次世代に負担を先送りした借金残高はどの程度あるか ・当年度までに提供済み行政サービスについて,次の世代に先送りされた負担(引継ぎ資産のない負担)はどの程度あるか	貸借対照表
・経常的な行政サービスにかかったコストはどの程度か ・受益者負担でどの程度賄われたか	行政コスト計算書
・投資的経費はどの財源で賄っているか ・支出の負担を将来に先送りしていないか ・年間での資金の変動要因は何か	資金収支計算書
・当年度の行政サービスの世代間負担の状況は,どのようになっているか ・借金以外の資金調達財源の変化は,どのようになっているか ・資産価値の変動は？資産台帳整備の影響は,どのようになっているか	純資産変動計算書

(出所)公会計改革研究会[2008]p.136,図表5-8を基に作成。

る。

　ただし，地方債のうち減税補てん債・臨時財政対策債など，および純資産のうち基金や貸付金の財源となったものなどは社会資本整備に直接関連していないため，厳密に社会資本整備の世代間負担比率を算定するには，これらを除く必要がある。また，債務負担行為として貸借対照表に計上されているもののうち，社会資本形成の財源となっているものについては，将来世代による負担比率の計算に含めることが望ましい。

② 歳入額対資産比率

$$歳入額対資産比率 = \frac{資産合計}{歳入合計}$$

　貸借対照表上の「資産合計」は，社会資本として形成された固定資産や積み立てられた基金など，資産の総額を表している。この「資産合計」が「歳入合計」の何年分に相当するかを表したものを歳入額対資産比率といい，社会資本の整備の度合いを示す指標といえる。インフラ整備か，健康・福祉などのソフト事業に注力するのかは政策判断によるところが大きいが，この比率が高いほどストックとしての社会資本の整備が進んでいるといえる。

③ 有形固定資産の行政目的別割合

　有形固定資産の行政目的別残高とその割合（有形固定資産の行政目的別割合）をみることにより，資産形成の重点分野を把握することができる。

　このデータを他団体と比較することにより資産形成の特徴を把握することができ，今後の資産整備の方向性を検討するのに役立てることができる。また，過年度と比較することにより，行政分野ごとに社会資本がどのように形成されてきたかを把握することができる。

④経常行政コスト対有形固定資産（資産総額）比率

$$\text{経常行政コスト対有形固定資産比率} = \frac{\text{経常行政コスト合計}}{\text{有形固定資産合計}}$$

$$\text{経常行政コスト対資産比率} = \frac{\text{経常行政コスト合計}}{\text{資産合計}}$$

　経常行政コストの有形固定資産または，資産合計に対する比率は，資産を活用するためにどれだけのコストがかけられているか，また，その主な内容を知るうえで参考となる指標である。各行政分野におけるハード，ソフト両面にわたるバランスのとれた財源配分を検討するうえでも参考となる。

⑤収入対経常行政コスト比率

$$\text{収入対経常行政コスト比率} = \frac{\text{経常的収入合計}}{\text{経常行政コスト合計}}$$

　行政コスト計算書における経常行政コストに対する資金収支計算書における経常的収入の比率をみることによって，当年度に行われた行政サービスのコストのうち，どれだけが当年度の負担で賄われたかがわかる。ただし，経常的収入から，「臨時財政対策債」と「基金取崩額」は控除しておく必要がある。

　差引の比率がプラスの場合は，翌年度以降へ引き継ぐ資産が蓄積されたか，あるいは翌年度以降へ引き継ぐ負担が軽減されたこと（もしくはその両方）を表しており，逆に，差引の比率がマイナスの場合は，過去から蓄積した資産が取り崩されたか，あるいは翌年度以降へ引き継ぐ負担が増加したこと（もしくはその両方）を表している。また，比率の数値が大きいほど，それらの割合が高いことになる。

⑥住民1人当たり貸借対照表・行政コスト計算書

　貸借対照表と行政コスト計算書の数値を住民1人当たりで算出することによって，より住民が実感をもてる数値として開示することができるほか，自治体の人口規模等に影響されることなく他自治体との比較を行うことが可能となる。

　算定に用いる人口については，定住人口，交流人口，国勢調査による人口，推計人口などさまざまな数値が考えられるが，統一的な尺度ですべての自治体について毎年度末の数値が把握できるという点で，住民基本台帳による人口を用いることが一般的である。

　なお，住民1人当たりの数値（たとえば，住民1人り当たりの道路に係る行政コストなど）を，住民1人当たりの行政サービス水準（たとえば，住民1人当たりの道路面積など）と，行政サービス1単位当たりの当該行政サービスの行政コスト（たとえば，道路1㎡当たりの道路に係る行政コストなど）とに分解することにより，行政サービスの水準による影響と行政サービスの効率性による影響とに分けて分析することが可能となる。

⑦連単倍率分析

$$連単倍率 = \frac{連結（もしくは自治体全体の）貸借対照表計上額}{普通会計貸借対照表計上額}$$

　連結貸借対照表と普通会計貸借対照表との比率を計算することで，普通会計以外の公営事業会計や連結対象団体が自治体全体の財政状況にどのような影響を与えているか分析することができる。この数値を科目ごとに算定することで，どの科目で特に影響が大きいかを把握することも可能である。また，他団体との比較や経年比較を行うことで，普通会計以外の公営事業会計や連結対象団体の特徴を分析することもできる。なお，連単倍率は，他の3つの財務書類計上額を分析するのにも有用である。

第5章 財務分析の実際—財務書類の活用

◉図表5-4　市民の貸借対照表(B/S)と市長の貸借対照表(B/S)
　　　　　（福岡県福津市）

市民の貸借対照表	
公共財 市民が 税金を払って 得た資産	負債 将来の税金
	行政成果評価額 　　　市民の持分

市長の貸借対照表	
資産 支払に充てる原資 作りかけの施設	負債 支払の約束
将来の税金 　不足する原資 　＝市民のB/S負債	

（出所）稲沢［2009a］p.41図表5。原典　公会計研究所［2008］「福津市会計報告」
　　　　p.6.図1に一部加筆。

(2) 独自の方式による財務書類と分析の視点

　公会計改革に関する独自の先進的取り組みとして、福岡県福津市の貸借対照表を紹介しておこう。同市の貸借対照表の特長は、「市民の貸借対照表」と「市長の貸借対照表」とを提示し、それぞれに、**図表5-4**に示す意義を認める。加えて、各部署別の「成果報告書」を示している。市民の貸借対照表では、資産と負債の差額を「行政成果評価額」と呼び、これまで税を払うことで得た市民の財産の評価額が示される。一方、市長の貸借対照表では、資産と負債の差額を「将来の税金」としており、市長就任時点よりも、将来の税金額が小さくなっていれば良い財政運営をしたことになるという（公会計研究所［2008］p.6。なお、この貸借対照表の解説については、吉田［2003］を参照）。

4　その他の財務分析手法

(1) 行政評価との連動による財務分析

　1990年代後半に三重県や大分県臼杵市など先進自治体でバランスシートの

作成が進められ全国的に広がっていったが，この時期の改革は，「新公共経営（ニュー・パブリック・マネジメント New Public Management：NPM．以下，「NPM改革」という）」と呼ばれる。英国やニュージーランドなどの国々で1980年代に取り組まれ，世界的に伝播していった改革の一環である。NPM改革のアプローチは以下の2つに分けられる。第1に，業績評価などによって自治体の業績／成果を明確に示す一方，組織内分権を進める「経営改革（英国では，『現代化』と呼ばれる）」と，第2に市場原理の適用によるアウトソーシングや官民競争を通じて公共サービスの供給者を最適化しようとする「外部化（市場化）」に分けられる。この2つのアプローチにおけるキーワードは，VFM（バリュー・フォー・マネー）であり，VFMは，「3つのE」（Economy経済性，Efficiency効率性，Effectiveness有効性）に分解される（第3章の図表3-3参照）。アウトソーシングや官民競争の導入には，官と民とのコスト比較が必要であるのは当然として，組織内部の経済性・効率性・有効性の向上を求めようとすれば，正確なコスト把握が必要になってくる。一方で，非財務情報の点では，事業別予算・決算が行政評価と連動していないことから，事務事業における経済性，効率性が求められない自治体も多い。

　埼玉県秩父市では，「事業棚卸」によって評価対象事業と予算事業とを一致させ，予算編成に事務事業評価を活用する手法を開拓している。今後は，事務事業評価において提示された「改善案」を予算要求に連動させて，要求・査定を行うという。さらに，決算についても，行政評価シートを地方自治法第233条第5項の「主要な施策の成果報告書」としている点など，予算・決算と非財務情報の連動を意識した改革を進めていることがうかがえるところである。

(2) 施策別の財務分析

　さらに，施策別財務分析を行うことができれば，施策ごとに財政状況を貨幣的価値により把握し，さらに，非財務数値とも組み合わせることによって

現状を解析できるようになる。また，他団体との比較を行うこと，経年での推移を把握することにより，施策ごとに有用な情報を入手することが可能になる。財務分析で使用する施策ごとの財務指標の例を挙げると**図表5-5**のとおりである。ただし，他団体との比較を可能にする場合には決算統計を用いることになるため，施策ごとではなく官庁会計における「目」ごとの分析になろう。

　施策別財務分析では，図表5-5に示すとおり，財務書類4表から得られる資産額，負債額，行政コストに加えて，「安全性・健全性」，「住民負担」，「効率性」，「成長性」などの観点から，施策ごとの分析が可能になる。

●図表5-5　施策別財務分析で使用する指標例とその説明

区　分	指標名	指標式	内　容
規模	住民1人当たり資産	資産合計/人口	各施策の社会資本形成の規模を表す指標。
	住民1人当たり負債	負債合計/人口	各施策ごとの、将来世代の負担規模（地方債）を表す指標。地方債の発行は財政部局で行っているため、財政部局の管理指標になると考えられる。
	住民1人当たり行政コスト	経常行政コスト合計/人口	各施策の住民へのサービス提供の規模を金額的に表す指標。
安全性健全性	将来世代負担率	負債合計/資産合計	各施策に関連する社会資本形成のうち将来世代の負担（地方債）割合を表す指標。なお、この指標も、財政部局における管理指標になるものと考えられる。
	地方債償還額対減価償却費比率	地方債償還額/減価償却額	当年度の負担（地方債償還額）と社会資本による行政サービス提供（減価償却額）の割合を表す指標であり、各施策ごとに当年度の資産価値減耗とそれにかかる地方債償還額との関係がわかる。
	償還健全性	地方債残高/行政活動キャッシュフロー	将来償還すべき市債の残高が行政活動から得られるキャッシュフローの何倍にあたるかを表す指標。この倍率が高すぎると、各施策ごとに、将来、建設活動の縮小や基金の取崩しなどが必要になる可能性がある。
	公債費負担割合	（公債利子＋公債償還額）/行政活動資金収入	行政活動資金収入のうち公債費に充当されたものの割合を表した指標。各施策の財政構造の弾力性を把握することができる。
住民負担	住民1人当たり税等負担	一般財源等/人口	その施策に対して住民がどれだけの負担をしているかを表す指標。
	税等負担割合	一般財源等/経常行政コスト合計	その施策に関連するサービス提供に対して、利用者や国庫（県）支出金を除いた住民の負担割合を表した指標。この数値が高すぎる場合は、事業内容を勘案しつつ、利用者負担の適正性等について検討する余地がある。
効率性	職員1人当たり資産	資産合計/職員数（人工数）	その施策において、職員一人当たりでどれだけの社会資本を維持管理運営しているかを表す指標。
	職員1人当たり行政コスト	経常行政コスト合計/職員数	その施策において、職員一人当たりでどれだけの行政サービスを提供したかを表す指標。
	人件費比率	人にかかるコスト/経常行政コスト合計	行政サービスの提供に対する人件費の割合を表したもの。この数値が高すぎる場合は、事務事業の性質にもよるが、人員配置や業務プロセスの見直しの参考値とすることができる。
成長性	資産成長率	当年度資産合計/前年度資産合計	その施策において、社会資本形成の成長率を表した指標。施設の老朽化（減価償却）に見合うだけの社会資本形成が行われなかった場合などはマイナスになることもある。
	行政コスト成長率	当年度経常行政コスト合計/前年度経常行政コスト合計	行政サービス規模の成長率を表した指標。その施策の金額換算したサービスの向上度合いを見ることができる。

第6章

国際公会計基準

1 国際公会計基準における財務諸表

　第1章では，国際公会計基準について，その策定主体（国際公会計基準審議会（International Public Sector Accounting Standards Board: IPSASB）），策定過程を説明したが，本章では，国際公会計基準の内容について紹介する。

(1) 公会計基準策定に向けたわが国の動き
　まず，わが国の公会計原則策定に向けた動向を説明する。
財務報告は，報告主体の意思決定および説明責任への目的に適合する情報を提供しようとするものである。報告主体が公的部門である場合の財務報告の目的は，「公会計原則（試案）」（2003（平成15）年2月。日本公認会計士協会・公会計委員会策定）に従えば，次のようになる。

> 【公的部門の財務報告の目的】
> ①財務報告利用者による公的部門の説明責任の遂行状況の評価に資すること。
> ②財務報告利用者の合理的な意思決定に役立つこと。

　「評価に資すること」と「意思決定に役立つ」有用な財務情報を提供することが公的部門の財務報告の目的であるにもかかわらず，これまでの公的部門の財務報告は，統一した基準が不在であり，明瞭かつ十分な開示に対する基礎があるとはいえない状況であった。わが国では，こうした状況に鑑みて，世界各国の公会計の理論と実務について検討を重ねてきた日本公認会計士協会・公会計委員会によって「公会計原則（試案）」が公表されているところである。

(2) 国際公会計基準における財務諸表
1) 一般目的財務諸表と利用者
　国際公会計基準は，「一般目的財務諸表」を対象とした基準である。一般

第6章 国際公会計基準

目的財務諸表とは，特別な目的に合わせた報告書とは異なり，いわゆる「一般的な目的」の利用者に向けた財務諸表である。こうした利用者は，公会計の場合，多岐にわたる可能性が想定される。すなわち，利用者とは，納税者，公共料金支払い者，議員，公共部門の職員，公共部門に対する債権者・供給業者，メディア，などである。こうした利用者に対して，それぞれの意思決定に有用な情報を提供することと，負託された資源に対して説明責任を果たすことが，一般目的財務諸表の目的とされる。

2) 財務諸表の構成要素

国際公会計基準は，財務諸表の構成要素を以下のとおりとしている。なお，詳細については，次の節から説明する。

① 資産
　過去の事象の結果として主体が支配し，かつ，将来の経済的便益又はサービス提供能力が，主体に流入することが期待される資源

② 負債
　過去の事象から発生した当該主体の現在の債務であり，その決済により，経済的便益又はサービス提供能力を有する資源が流出する結果となることが予想されるもの

③ 純資産・持分
　負債総額を控除した後の主体の資産に対する残余持分

④ 収益
　所有者からの拠出に関するもの以外で，純資産・持分の増加をもたらす一定期間中の主体の通常の事業過程で生ずる経済的便益又はサービス提供能力の総流入

⑤ 費用
　当該報告期間中の資産の流出若しくは消費又は負債の発生の形をとる経済的便益又はサービス提供能力の減少であり，所有者への分配に関連

するもの以外の持分の減少を生じさせるもの

以上が,「財務諸表の構成要素」と呼ばれるものであるが,これらのほか,キャッシュ・フロー(現金及び現金同等物の流入と流出)に関する情報も財務諸表は提供しており,国際公会計基準における完全な財務諸表は,以下のような構成となる。また,国際公会計基準では,財務諸表それぞれについて,115頁～118頁の様式を示している。

国際公会計基準における財務諸表

① 財政状態報告書 (Statement of Financial Position)（115頁）
　：貸借対照表に相当
② 財務業績報告書 (Statement of Financial Performance)（116頁）
　：行政コスト計算書に相当
③ 純資産・持分変動書 (Statement of Changes in Net Assets/Equity)（117頁）
　：純資産変動計算書に相当
④ キャッシュ・フロー計算書 (Cash Flow Statement)（118頁）
　：資金収支計算書に相当
⑤ 会計方針及び財務諸表に対する説明的注記 (Accounting policies and notes to the financial statements)

国際公会計基準による財政状態報告書（貸借対照表）の様式

	20X2	20X2	20X1	20X1
資産				
流動資産				
現金及び現金同等物	X		X	
受取勘定	X		X	
棚卸資産	X		X	
前払金	X		X	
投資	X		X	
		X		X
非流動資産				
受取勘定	X		X	
投資	X		X	
その他の金融資産	X		X	
インフラ資産及び有形固定資産	X		X	
土地及び建物	X		X	
無形固定資産	X		X	
その他の非金融資産	X		X	
		X		X
資産合計		X		X
負債				
流動負債				
支払勘定	X		X	
短期借入金	X		X	
1年以内返済長期借入金	X		X	
引当金	X		X	
従業員給付	X		X	
退職年金	X		X	
		X		X
非流動負債				
長期支払勘定	X		X	
長期借入金	X		X	
引当金	X		X	
従業員給付	X		X	
退職年金	X		X	
		X		X
負債合計		X		X
純資産		X		X
純資産・持分				
他の政府主体からの資本拠出	X		X	
積立金	X		X	
累積余剰/(欠損)	X		X	
		X		X
少数持分		X		X
純資産・持分計		X		X

国際公会計基準による財務業績報告書(行政コスト計算書)の様式(機能分類)

機能による費用分類の例示

(単位:千)

	20X2	20X1
事業収益		
税金	X	X
料金、科金、罰金及び手数料	X	X
交換取引から生じた収益	X	X
他の政府主体からの移転収入	X	X
その他事業収益	X	X
事業収益計	X	X
事業費用		
一般公共サービス	X	X
国防費	X	X
治安維持費	X	X
教育関係費	X	X
保健・医療関係費	X	X
社会保障費	X	X
住宅及び地域整備費	X	X
余暇・文化及び宗教関係費	X	X
経済関係費	X	X
環境保護費	X	X
事業費用計	X	X
事業活動からの余剰/(欠損)	X	X
財務費用	(X)	(X)
有形固定資産売却利得	X	X
非事業収益(費用)計	(X)	(X)
経常的活動からの余剰/(欠損)	X	X
少数持分の余剰/(欠損)*	(X)	(X)
異常項目前純余剰/(欠損)	X	X
異常項目	(X)	(X)
当期純余剰/(欠損)	X	X

＊経常的活動から少数持分の余剰/(欠損)には、少数持分の異常項目を含む。少数持分の異常項目の開示は財務諸表への注記で示される。

(注) この他に,費用について,人件費(賃金,給与及び福利費),物件費(消耗品・消費財費用など)などの性質別に着目した分類をしている「性質分類」の様式が示されている。

第6章 国際公会計基準

国際公会計基準における純資産・持分変動計算書の様式

(単位:千)

	拠出資本	再評価積立金	為替換算差額	累積余剰 (欠損)	合計
20X0年12月31日残高	X	X	(X)	X	X
会計方針変更の影響額	(X)			(X)	(X)
修正再表示後の残高	X	X	X	X	X
固定資産再評価余剰		X			X
投資再評価欠損		(X)			(X)
外貨換算差額			(X)		(X)
財務業績報告書で認識 されなかった余剰		X	(X)		X
当期純余剰				X	X
20X1年12月31日残高	X	X	(X)	X	X
固定資産再評価欠損		(X)			(X)
投資再評価余剰		X			X
外貨換算差額			(X)		X
財務業績報告書で認識 されなかった欠損		(X)	(X)		(X)
当期純欠損				(X)	(X)
20X2年12月31日残高	X	X	(X)	X	X

国際公会計基準におけるキャッシュ・フロー計算書の様式（直接法）

(直接法)

(単位：千)

	20X2	20X1
事業活動によるキャッシュ・フロー		
収入		
税金	X	X
財貨・サービスの販売	X	X
補助金	X	X
利子収入	X	X
その他の収入	X	X
支出		
従業員費用	(X)	(X)
年金費用	(X)	(X)
仕入先への支払	(X)	(X)
支払利息	(X)	(X)
その他の支出	(X)	(X)
事業活動による正味キャッシュ・フロー	X	X
投資活動によるキャッシュ・フロー		
有形固定資産の購入	(X)	(X)
有形固定資産売却による収入	X	X
投資の売却による収入	X	X
外貨建て証券の購入	(X)	(X)
投資活動による正味キャッシュ・フロー	(X)	(X)
財務活動によるキャッシュ・フロー		
借入金による収入	X	X
借入金の返済	(X)	(X)
政府への分配・配当金	(X)	(X)
財務活動による正味キャッシュ・フロー	X	X
現金及び現金同等物の増加（減少）額	X	X
現金及び現金同等物の期首残高	X	X
現金及び現金同等物の期末残高	X	X

（注）この他に，「間接法」による様式も示している。

3) 国際公会計基準における財務諸表の「質」

　財務諸表の「質」とは，財務諸表利用者にとって，財務諸表が提供する情報を有用なものとする属性であり，「理解可能性」，「目的適合性」，「信頼性」，「比較可能性」である。国際公会計基準は，これらの質の向上を目的とするものであるといってよい。

① 理解可能性

　利用者が，通常，その意味を理解できると考えられる時，情報は理解可能になる。そして，利用者は，主体の活動と事業環境を良く知っており，その主体の情報を学習したいと望んでいるのが前提である。一方で，複雑な事柄についての情報は，一部の利用者が理解困難だという理由だけで財務諸表から除外すべきではない。

② 目的適合性

　情報は，利用者が，過去，現在または将来の事象を評価し，または利用者の過去の評価を確認し訂正するのに使われる可能性があるならば，その情報は利用者にとって目的適合性がある。目的適合性があるためには，情報は，適時性も兼ね備えている必要がある。

③ 信頼性

　情報は，重大な誤謬または偏向が除去されて，事実を忠実に表現したものとして利用者が信頼する場合に，信頼性の特性を有する。

④ 比較可能性

　利用者が，財務諸表上のある情報と他の報告書上の情報との間の類似点や相違点を識別できる時は比較可能性がある。

　比較可能性は，次の事項に適用できる。
- 異なる主体間の財務諸表の比較
- 同じ主体の複数期間の財務諸表の比較

2 国際公会計基準における資産

(1) 資産の定義

国際公会計基準によれば,資産の定義は,以下のとおりである。

国際公会計基準の資産の定義

> 過去の事象の結果として主体が支配し,かつ,将来の経済的便益又はサービス提供能力が,主体に流入することが期待される資源

民間部門に適用される国際会計基準(IFRS)では,「将来の経済的便益の主体への流入」を資産の定義に用いるが,国際公会計基準では,それに,「サービス提供能力」を加える。すなわち,資産における「サービス提供能力」こそが,公会計における資産の特徴であるといってよい。資産の種類に応じて,サービス提供能力は,以下のように定義される(**図表6-1**)。

採用する「認識基準」によって,認識・測定される資産は異なり,かつ,資産が備えるべきサービス提供能力も異なってくる。すべての資源にまで認識・測定の対象を拡げる完全発生主義の場合,「実物資産」まで対象になる

◉図表6-1 資産のサービス提供能力と資産概念

認識基準	対応する資産概念	資産が備えるべきサービス提供能力
現金主義	現金及び準現金同等物	支払手段となること
修正現金主義	現金及び準現金同等物(出納整理期間内含む)	同上
修正発生主義	現金及びその他の資源(金融資産含む)	活動への資金供給または債務の返済手段となること
完全発生主義	すべての資源	上記(修正発表主義の場合)に加え,実物資産によるサービス提供を含む

が，この実物資産が，公共部門に特有の「サービス提供能力」を有する。病院であれば「医療サービスの提供能力」，道路であれば「交通サービスの提供能力」のように，サービス提供能力は，貨幣価値で表されるだけでなく，非財務数値によることとなる。一般に，これらのサービス提供能力は政策評価における便益分析の手法によって貨幣価値に転換できることになる。公共部門では，病院や道路の取得価額を超える（少なくとも同等の）サービス提供能力があるとして，当該病院建設予算や道路建設予算が議決されるわけである。そこで，この取得価額が行政サービスの提供能力の代替数値として使われることになる。

(2) 資産の種類

資産の定義にかかる国際公会計基準は，第11号「棚卸資産」，第15号「金融商品：開示と表示」，第16号「投資不動産」，第17号「有形固定資産」である（第1章図表1-3参照）。

1) 棚卸資産

棚卸資産の定義は，「(a) 生産過程で消費される原材料又は貯蔵品，(b) サービスの提供に当って消費され，又は分配される原材料又は貯蔵品，(c) 通常の事業過程において販売又は分配を目的として保有されているもの，(d) このような販売又は分配を目的とする生産の過程にあるもの」である。この定義は，民間部門と変わるところはなく，公共部門，民間部門共通の棚卸資産としては，消耗品，修理機材，販売用に保有される土地または財産などであるが，一方で，公共部門には，次頁のように民間部門にはない特有の資産も含まれる。

公共部門特有の棚卸資産

> （ア）弾薬
> （イ）戦略的備蓄（例として，エネルギー備蓄）
> （ウ）未発行通貨
> （エ）販売用に保有される郵便事業商品（例として，切手）
> （オ）下記を含む仕掛り中のもの
>   ①教育又は訓練用の資材
>   ②国民・住民へのサービス提供

2）金融資産

金融資産に関する国際公会計基準は，現在，策定されていない。また，民間部門と公共部門の保有する金融資産に特に相違はなく，たとえば，現金および一時的投資，受取勘定，貸付金および前渡金，投資，デリバティブ，前払費用などである。

3）投資不動産

公共部門における投資不動産の定義は，以下のとおりである。

投資不動産の定義

> 下記の目的を除き，賃貸料収受若しくは資本増殖目的，あるいはその両方を目的として保有する（土地若しくは建物―又は建物の一部―又はそれら両方の）不動産を言う。
> （a）財貨の製造若しくは販売又はサービスの提供，又は行政目的のために使用する
> （b）通常の事業過程において販売目的で保有される

通常，公共部門は，賃貸料収受の目的や販売目的ではなく，公共サービス提供のために不動産を保有する。この場合の不動産は，次に説明する「有形固定資産」であり，または，「自己使用不動産」と呼ばれる。それでは，高齢者対象の公営住宅のように社会福祉事業のために保有されながら，賃貸料としてキャッシュ・フローも生み出している不動産については，どのように考えるべきか。この場合の不動産は，賃貸料の収受が主たる目的ではなく，高齢者への公的居住サービスを提供するサービスを提供するために保有されるものとして，「有形固定資産」に準拠して会計処理されることになる。

4) 有形固定資産

有形固定資産の定義は，「次の条件を満たす有形の資産をいう。(a) 財貨の生産又はサービスの提供に使用する目的，外部へ賃貸する目的又は管理する目的で，主体が保有するもので，かつ，(b) 一報告期間を超えて使用されると予測されるもの」である。

有形固定資産項目の償却可能額は，規則的な方法でその耐用年数にわたって配分することが必要になる。すなわち，主体による当該資産の経済的便益またはサービス提供能力の消費パターンを反映して，減価償却を適用する。また，この場合の耐用年数は，定期的に見直し，将来の見込みが以前の見積りと著しく異なる場合には，当期および次期以降の減価償却を修正することになる。

5) その他の資産

公共部門に特有の資産として，文化資産とインフラ資産がある。国際公会計基準第17号では，それらの特徴を述べるに留め，特有の会計処理を定めていないため，有形固定資産と同様の会計処理が行われることになる。

①インフラ資産

道路ネットワーク，下水処理システム，通信ネットワークなどのような「インフラ資産」について，国際公会計基準では，以下の特徴を整理している。

インフラ資産の特徴

(a) システム又はネットワークの一部であること
(b) 性質が特殊のものであり，代替的利用ができないこと
(c) 移動させることができないこと
(d) 処分に関して制約を受けること

②文化資産

歴史的建物および記念物，考古学的遺跡，保全地区および自然保護地，芸術作品などは，その文化的，環境的または歴史的重要性から文化資産として説明される。文化資産の特徴は，以下のとおりとなっている。

文化資産の特徴

(a) その文化的，環境的，教育的及び歴史的な観点からみた価値が，純粋な市場価格に基づく財務的価値により反映されるとは考えられないこと
(b) 法令・規則により売却による処分が禁止若しくは厳しく制限されていること
(c) 文化資産は，多くの場合，かけがえのないものであり，また，その価値は物理的に資産の状態が悪化したとしても，時の経過とともに増加すること
(d) ある場合には数百年に達するなど，その耐用年数を見積もることが困難である場合があること

公共部門では，文化資産を購入によって取得する以外に，寄付や遺贈または没収などの方法で取得する。これらの資産は，ほとんどの場合，キャッシュ・フローを生み出す能力はもっていない。

(3) 資産の計上額

国際公会計基準における資産計上額の考え方については，**図表6－2**の整理のとおりであるが，資産評価に関係する用語を**図表6－3**に整理しておく。

(4) 資産の減損

減損とは，「減価償却によって体系的に認識される資産の将来の経済的便益又はサービス提供能力の損失を超えた資産の将来の経済的便益又はサービス提供能力の損失」と定義されている。企業会計では，いわゆる「資金生成資産」を対象とする減損が定義されている。すなわち，資産による将来のキャッシュ・フローの生成能力を反映した使用価値から，減損損失額を求めていくことになるが，公共部門の保有する資産は，非資金生成資産が多い。そこで，公共部門における減損損失は，サービス提供能力を基に認識していくことになる。無論，公共部門においても，資金生成資産であれば，国際会計基準などの企業会計の減損処理に従うことになる。

公共部門における非資金生成資産についての減損処理は，以下の手順で行われることになる。

非資金生成資産の減損損失の処理手順

①減損の兆候を評価する。
②減損の兆候が認識される場合には，回収可能サービス価額を見積もる。
③「資産の帳簿価額＞回収可能サービス価額」の場合には，当該資産の帳簿価額を当該回収可能サービス価額まで減額し，当該減少額を減損損失として認識する。

1）減損の兆候の評価

まず，報告日現在において，減損の発生を疑わせる兆候がないかを評価しなければならない。具体的には，**図表6－4**に示すように，外部と内部の2つの情報源から評価することになる。

●図表6-2　国際公会計基準における公共部門の資産計上額

資産の種類	公共部門における資産計上に関する説明
棚卸資産	原価と正味実現可能価額とのいずれか低い方。 ※原価には，購入原価に加えて，加工費等の発生費用を含む。 ※正味実現可能価額については，次期以降，毎期評価替えが行われる。
金融資産	国際公会計基準の策定なし。
投資不動産	●当初の認識時点では取得原価による。 ●無償または名目的な取得原価で取得された場合は，公正価値。 ●当初認識後は，公正価値で測定する。
有形固定資産	●当初の認識時点では取得原価による。 ●無償または名目的な取得原価で取得された場合は，公正価値。 ●当初認識後は，取得原価から減価償却累計額及び減損損失累計額を控除した価額で計上する（標準的処理）。一方，再評価実施日における公正価値から，その後の減価償却累計額及び減損損失累計額を控除した再評価額で計上することも認められる（代替的処理）。

●図表6-3　資産評価に関する用語

用　語	説　明
正味実現可能価額	売る場合の時価 ＝ 資産の売値 － 売却コスト
使用価値	その資産が生み出す将来キャッシュ・フローの割引現在価値
市場価値	マーケットで取引される価値。土地・建物は鑑定人の評価
再調達原価	買う場合の時価
減価償却後再調達原価	再調達原価 × （1 － 減価率） ⇒中古としての時価，新たに作るのにいくらかかるか，買う場合の時価
公正価値	取引の知識がある自発的当事者の間で，独立第三者取引条件により，資産が交換される価額 ●市場証拠が存在する場合→市場価値 ●市場証拠が存在しない場合→減価償却後再調達原価

(出所) 筆谷 [2004] p.161の図表解説を基に作成。

●図表6-4　減損の兆候に関する情報源

外部の情報源
(a) その資産によって提供されるサービスの需要又は必要性の消滅（又はそれに近い状態） (b) 主体の事業を取り巻く技術的，法的若しくは政府の政策的環境において，主体に悪い影響をもたらす著しい長期的変化が発生したか，又は近い将来に発生すると予想されること

内部の情報源
(a) 資産の物的損傷の証拠が入手できること (b) 資産が使用される範囲や方法に関して，当期中に主体にとって悪い影響のある著しい長期的変化が発生した場合など。たとえば，資産が遊休状態になったり，資産の属する事業の廃止若しくはリストラクチャリングの計画あるいは予定されていた期日より前に資産を処分することになったりした場合など (c) 完成前に資産の工事を中止する決定があったこと (d) 資産のサービス成果が予想していたより著しく悪いことを伺わせる証拠が，内部報告から入手できること

2) 回収可能サービス価額の見積もり

ここで，回収可能サービス価額とは，資産の売却費用控除後公正価値と使用価値のどちらか高い方の金額をいう。資産の市場が活発に存在しない場合など，売却費用控除後公正価値を決定することが不可能なこともある。このような場合には，資産の回収可能サービス価額は使用価値によることとなる。

なお，非資金生成資産の使用価値とは，当該資産の残存サービス提供能力の現在価値であり，その算定には，**図表6-5**に示すアプローチ3つのアプローチ，すなわち，(a) 減価償却後再調達原価アプローチ，(b) 回復原価アプローチ，(c) サービス構成単位アプローチのうち，いずれか1つを適宜選択することになる。

3) 減損損失の認識（算出）

「資産の帳簿価額＞回収可能サービス価額」の場合には，当該資産の帳簿価額を当該回収可能サービス価額まで減額し，当該減少額を減損損失として認識する。

●図表6-5　非資金生成資産の使用価値算定のアプローチ

(a) 減価償却後再調達原価アプローチ

　資産の残存サービス提供能力の現在価値を，資産の減価償却後再調達原価とする。資産は，既存の資産の再生産（復元）か資産の総サービス提供能力の再調達かの方法によって取り替えられる。すでに消費または消滅した当該資産のサービス提供能力を反映するために，資産の再生産または再調達原価のどちらか低い金額から，それを基にして算定される減価償却累計額を控除する。

　主に，技術的，法的又は政府の政策環境における著しい長期的変化から識別される減損の場合に適用されるアプローチである。

【事例1】一部が閉鎖された小学校

　1997年に，A市は，100百万円で小学校を建設した。見積もられた学校の耐用年数は50年であった。2003年，その学校区内の大手企業の倒産によって住民人口が流出した。これにより小学校の生徒が著しく減少し，小学校は閉鎖された。学校は，貯蔵倉庫として使用することに転換された。そして，A市は，住民が将来戻ってきて建物が学校の用途として再開されるような予想はもっていない，学校と同じ規模の倉庫の現時点の再調達価額は，42百万円と見積もられる。

⇒　減損処理は以下のとおり。

① 　減損の兆候：その資産によって提供されるサービスの需要又は必要性の消滅（又はそれに近い状態）が認められる。

② 　回収可能サービス価額の算出：減価償却後再調達原価アプローチ

　　a．1997年取得原価　　　　　　　　　　　　　　　　　100,000
　　　　2003年減価償却累計額（a×6÷50）　　　　　　　　12,000
　　b．2003年帳簿価額　　　　　　　　　　　　　　　　　 88,000
　　c．再調達原価　　　　　　　　　　　　　　　　　　　 42,000
　　　　減価償却累計額（c×6÷50）　　　　　　　　　　　 5,040
　　d．回収可能サービス価額　　　　　　　　　　　　　　 36,960
　　　　減損損失（b−d）　　　　　　　　　　　　　　　　51,040

(b) 回復原価アプローチ

　回復原価とは，資産のサービス提供能力をその減損前の状態まで回復させる原価である。資産の残存サービス提供能力の現在価値を，減損前の当該資産の残存サービス提供能力を再調達する現在価値から当該資産の見積もられる回復原価を控除することによって算定される。

　物的損傷から識別される減損の場合に適用されるアプローチである。

【事例2】交通事故によるスクールバスの損傷

　1998年に北地区小学校は，近隣集落からの生徒が無料で通学できるように2百万円でスクールバスを購入した。学校は，当該バスの耐用年数を10年と見積もった。5年経過した2003年に，バスが交通事故を起こした。このバスを使用可能な状態に回復するには400千円を要すると見積もられた。

回復は，資産の耐用年数には影響を与えない。2003年において，同様のサービスを提供する新しいバスの取得原価は2,500千円と見積もられる。
⇒ 減損処理は以下のとおり。
① 減損の兆候：資産の物的損傷の証拠が入手できること
② 回収サービス可能価額の算出：回復原価アプローチ

a．1997年取得原価	2,000
2003年減価償却累計額（a×6÷50）	1,000
b．2003年帳簿価額	1,000
c．再調達原価	2,500
減価償却累計額（c×6÷50）	1,250
d．減価償却後の再調達原価（損傷なしの状態）	1,250
控除：回復原価	400
e．回収可能サービス価額	850
減損損失（b－e）	150

（c）サービス構成単位アプローチ

資産の残存サービス提供能力の現在価値は，減損した状態の当該資産から得られると期待される減少したサービス構成単位に合わせるために，減損前の資産の残存サービス提供能力を再調達する現在価値を減少させることによって決定される。使用の範囲又は方法における著しい長期的変化から識別される減損損失に適用される。

【事例3】印刷機稼動の高い費用

1993年にE市教育委員会は，40百万円で新しい印刷機を購入した。当該部門は，印刷機の耐用年数は，小学生による使用で10年以上にわたり40百万冊の印刷ができるであろうと見積もっていた。2003年に，印刷機の自動機能が予想されていたように稼動せず，当該資産の残存耐用年数の5年にわたって印刷機の年間生産レベルは25％減少することが報告された。2003年において，新規の印刷機の再調達原価は45百万円と見積もられた。
⇒ 減損処理は以下のとおり。
① 減損の兆候：印刷機のサービス性能が予想されていたよりも悪いという内部報告
② 回収サービス可能価額の算出：サービス構成単位アプローチ

a．1998年取得原価	40,000
2003年減価償却累計額（a×6÷10）	20,000
b．2003年帳簿価額	20,000
c．再調達原価	45,000
減価償却累計額（c×6÷10）	22,500
d．残存サービス単位調整前の減価償却後の再調達原価	22,500
e．回収可能サービス価額（d×75％）	16,875
減損損失（b－e）	3,125

(出所) 関西学院大学 [2007]『国際公会計論ケーススタディ』。

3 国際公会計基準における負債

(1) 負債の認識

　国際公会計基準における負債計上の考え方は，以下に示す「負債の定義」を充足し，かつ，「負債の認識基準」を充たすことを求めるものである。

国際公会計基準の負債の定義

> 過去の事象から発生した当該主体の現在の債務であり，その決済により，経済的便益またはサービス提供能力を有する資源が主体から流出する結果となることが予想されるもの

負債の認識基準

可能性	経済的便益またはサービス提供能力を有する資産が主体から流出する可能性が高い
信頼性	流出する価額が測定でき，その見積りが信頼できる

(2) 負債の種類

　公共部門における負債も民間部門のそれとほぼ同じであり，以下のものが挙げられる。

- 財貨およびサービスの購入から生じた未払金
- 未払利息
- 未払給付金および賃金
- 移転支出未払金
- 短期借入金
- 長期借入金
- 退職給与引当金
- 債務保証引当金

　一方で，公共部門特有の負債として，「発行通貨額」や「環境関連債務」などがある。なお，国際公会計基準では，環境関連債務について，以下のよ

うに定義している。

環境関連債務

> 環境関連債務は，特定の政府機関の財産に関係したものであるが，政府全体の過去の行為によるものであることがあり得る。その他の政府レベルからの補償金供与が受取勘定の認識基準に該当すれば受取勘定として認識されるであろうが，負債は，通常は，環境浄化費用の法的責任を有する当事者によって認識されることになる。

また，国際公会計基準第19号では，**図表6-6**のように引当金と偶発債務とを区別している。

●図表6-6　引当金と偶発債務との区別

事　項	説　　明
引当金	現在の債務であり，債務を決済するために経済的便益またはサービス提供能力を有する資源が流出する可能性が高いため，負債として認識される。
偶発債務	以下のいずれかの理由で，負債として認識されず，注記事項となる。 1．債務となる可能性のあるもので，主体が経済的便益またはサービス提供能力を有する資源の流出を惹き起こす現在の債務を有しているか否かを，まだ確認していないもの 2．認識基準に合致しない現在の債務（その理由が，債務の決済に経済的便益またはサービス提供能力を有する資源の流出が必要となる可能性が高くないか，または，債務金額の見積りが十分に信頼できるものではないか，のいずれかであるもの）

上記の環境関連債務と引当金の定義について，**図表6－7**の事例を通じて理解を図られたい。

●図表6－7【事例】汚染された土地にかかる浄化費用の取り扱い

【事例】
　ある州政府が，港に近い土地に倉庫を所有している。当該州政府は，港湾業務を将来拡張するため，今後，土地が必要になる可能性があるとして，この土地の所有権を従来より有している。その倉庫は，過去10年にわたり農業団体が農薬の貯蔵施設として借り受けていた。
　中央政府は，汚染土地の浄化コストも含んだ環境汚染による債務を，不動産所有者に負担させる環境法を制定する意向を示している。そのため，州政府は，危険化学物質対応政策を導入し，それを州内の事業活動と所有不動産に適用する予定である。この時点で，農薬が倉庫周辺の土地を汚染していることが明らかになっている。州政府は，農業団体と保険会社に対して浄化コストの請求権を有していない。2001年12月31日現在で，汚染された土地の浄化を要求する法律案が年度末まもなく成立することはほぼ確実である。

【引当金の計上】
a．過去の債務発生事象に起因した現在の債務かどうか
　→　浄化を要求する法制化がほぼ確実になっているため，土地の汚染の事実が債務発生事象に該当するといえる
b．決済時における経済的便益又はサービス提供能力を有する資源の流出の可能性はどうか
　→　可能性がある
⇒　結論　浄化コストの合理的な見積額だけ引当金を計上する
　　　　（仕訳例）土地浄化費用　×××　／土地浄化引当金　×××
　　　　　　　※×××は，合理的な見積額

（出所）関西学院大学［2007］。

4　国際公会計基準における収益

(1) 収益の認識

国際公会計基準では，収益を以下のとおりに定義する。

国際公会計基準の収益の定義

> 収益とは，所有者からの拠出に関連するもの以外で，純資産・持分の増加をもたらす一定期間中の主体の通常の事業過程で生ずる経済的便益又はサービス提供能力の総流入である。

資産と負債の差額である純資産・持分の増加ということは，すなわち，これまで論じてきた資産と負債の認識と測定を行ったうえで，その差額として収益を認識する。すなわち，資源が流入し，主体がこれを資産として認識した場合，これに関連して負債を認識しない範囲で収益を認識することになるのである。以下，上記定義のうち，重要な語句について整理しておこう。

所有者からの拠出

所有者からの拠出とは，主体の外部の当事者によって拠出された将来の経済的便益またはサービス提供能力のうち，主体の純資産・持分に対する財務的持分を確立するものをいう。おおむね剰余の分配等に対する優先的権利を表し，売却，交換，移転または償還可能という特徴がある。

資産の認識

前述した資産の定義と認識基準を充たすことである。

負債を認識しない範囲

たとえば，課税原因の発生に先立って税金の前受けなど通常の業務の流れの中で発生するような場合，当該前受け分をいったん負債に計上しておき，課税原因の発生など現在の債務の充足に対応して収益に振り替える。仕訳例を示すと，次のとおりである。

(仕訳例)

前受け(現金の取得があった時点)の段階：資産（現　金）／負債（前受金）

課税原因の発生の段階　　　　　　　：負債（前受金）／収益（税　収）

(2) 収益の種類

　公的部門の収益について、国際公会計基準では、大きく「非交換収益」、「交換収益」、「その他の利得」と分類しており、その詳細は**図表6-8**のとおりである。

　図表6-8において、交換取引、非交換取引とあるが、交換取引による収益とは、主体が資産またはサービスを受領するか、負債を消滅させ、それと交換に他の主体に対して直接的に概ね等価の価値（主として、現金、財貨、サービス、または資産の利用）を与えるものである。

　非交換取引による収益とは、主体が、当該取引において、他の主体に直接的に概ね等価の価値を与えることなく他の主体に価値を与えることである。

◉図表6-8　公的部門の収益の分類

大分類	小分類
非交換取引による収益	●直接税および間接税 ●関税 ●手数料および罰科金 ●その他の非交換移転
交換取引による収益	●財貨またはサービスの売上 ●配当金 ●受取利息 ●資産の譲渡から生ずる正味利得
その他の利得	市場価格の変動若しくは通貨の変動、または自然増殖による資産 価値の増加により生ずる利得等

(3) 租税の認識

　国際公会計基準において，租税収入は，収益として認識されている。これに対して，総務省方式改訂モデルでは純資産における「その他一般財源等」の項目として認識し，基準モデルでは，純資産の部に地方税を計上しており，いずれも収益としての認識ではなく，純資産として認識している。すなわち，主権者たる国民からの拠出であって，「所有者からの拠出は非交換取引による収益には該当しない」という理解である。

　こうした認識に対して，租税は，主体の純資産・持分に対する財務的持分を確立するものでも，譲与の分配等に対する請求権を与えるものでもなく，売却，交換，移転または償還可能という性質もないことから，所有者による拠出には該当しない，という考えがある。この考えは国際公会計基準の立場でもあり，また，わが国でも，東京都モデルや旧総務省方式では，租税を行政コスト計算書において収益項目として認識している。

5　国際公会計基準における費用

(1) 費用の定義

　国際公会計基準では，費用を以下のとおりに定義している。

国際公会計基準の費用の定義

> 費用とは，当該報告期間中の資産の流出若しくは消費又は負債の発生の形をとる経済的便益又はサービス提供能力の減少であり，所有者への分配に関連するもの以外の持分の減少を生じさせるものである。

　費用について，資産の減少または負債の増加と関連づけて定義しているところから，この定義は，あくまで発生主義における費用の定義である。事実，国際公会計基準の立場は，研究報告第2号で，「国際会計基準審議会

(IASB) の費用の定義は，発生主義を採用し，明確に表現された財務諸表一式を作成する政府報告主体にとって適切なものである」と結論づけている。

(2) 費用の分類

さて，多くの国々で，歳入予算が見積もりであるのに対して，公的部門の歳出予算は厳格な拘束性をもっている。予算と決算の対応を確認することで，公共の福祉の実現に向けて，事前に決定したとおりに福祉や道路維持，教育などの公共サービスの提供が行われたかどうかが事後に確認される。取引の当事者が交換関係にないがゆえに，公的部門においては，これら公共サービスの効率的で合理的な執行を担保していくため，また，事後の評価が十全にできるようにという視点から，費用の財務報告をすることが重要な行為となるのである。

このような理解から，費用の分類も，利用者のニーズに応えることができるように行われる必要がある。国際公会計基準では，主な分類として次の4つを列挙している。

① 機能または施策（プログラム）による分類
② アウトプットによる分類
③ 組織による分類
④ 費用（インプット）の目的による分類

わが国でも，自治体において，①や④の分類は**図表6－9**のとおり，これまでにも採用されている（ただし，現金主義であるため，「費用」の分類ではなく，「歳出（支出）の分類」であるが）。①については，施策別ではないが政策目的を示す分類として国際公会計基準の示す分類とほぼ同義の勘定が採用されており，一方で，④については，以下の国際公会計基準の示す分類からみると，わが国の性質別分類がそれに当たるであろう。

第6章 国際公会計基準

国際公会計基準における費用(インプット)の目的による分類

人事関連費用,売上原価,サービス提供原価,有形資産の使用(減価償却及びサービス提供能力の低下),賃料及びリース費用,維持管理及び運営費用,支払利息,金融資産関連費用,政府移転支出,その他損失(前掲書第683段落)

◉図表6-9　わが国における歳出の分類

機能別分類
1議会費,2総務費,3民生費,4衛生費,5労働費,6農林水産業費,7商工費,8土木費,9消防費,10教育費,11災害復旧費,12公債費,13諸支出金,14予備費 ※数字は,地方自治法における「款」。
インプットの目的別分類
1報酬,2給料,3職員手当等,4共済費,5災害補償費,6恩給および退職金,7賃金,8報償費,9旅費,10交際費,11需用費,12役務費,13委託費,14使用料および賃借料,15工事請負費,16原材料費,17公有財産購入費,18備品購入費,19負担金,補助金および交付金,20扶助費,21貸付金,22補償,補填および賠償金,23償還金,利子および割引料,24投資および出資金,25積立金,26寄付金,27公課費,28繰出金 ※数字は,地方自治法における「節」。

　③組織別分類についても,図表6-9で示す機能別分類が,ほぼ,わが国自治体では組織別分類に近いものである。

　わが国自治体にとって,いまだ発展していないのが,「②アウトプット別分類」である。これは,アウトプットなどの業績ごとに予算を示していくものであり,近年,行政評価の進展とともに,予算を説明する資料や地方自治法第233条第5項「主要な施策の成果報告書」として,決算の付属書類として

提示されるようになってきている。なお，アメリカの自治体などで採用されている「業績予算（performance based budgeting）」が，この分類に当たるであろう。

第7章

各国の地方公会計改革

（アメリカ・イギリス・ドイツ・フランス・ニュージーランド）

1 アメリカの地方公会計改革

　アメリカ合衆国は，大統領制を採り，50の州とコロンビア特別区から構成される連邦国家である。州政府は，それぞれ独自の憲法，議会，行政府，裁判所をもち，その権限は強い。一方で連邦政府の権限は連邦憲法により限定的に列挙され，その他の事項は，州政府に包括的に与えられるという統治構造を採る。

(1) アメリカの会計基準設定主体

　アメリカの公会計の基準設定主体は，図表7－1のとおり，連邦政府，公営企業，州・地方政府という対象によって異なっている。

　地方公会計の基準は，政府会計基準審議会（GASB，以下，「審議会」という）によって設定されている。以下，審議会による地方公会計基準等の設定について，1987年に審議会が公表した概念書第1号「財務報告の基本的目的」（以下，「概念書」という）と1999年のGASB34号を中心に，経緯と現状を簡単に整理しておこう。

(2) 地方公会計改革の経緯

1) 概念書（1987年）

　審議会は，州および地方政府のための会計基準を設定する独立的な機関である。

　概念書は，州および地方政府の一般目的外部財務報告について，以下に示す基本目的を達成しようとするものであり，これは，行政型の活動にも，事業型の活動にも等しく適用される。

【概念書の示す財務報告の目的】

　①州および地方政府の説明責任の遂行を支援し，利用者がそれを評価する

●図表7-1　アメリカの公会計基準の設定主体

対　象	公会計基準設定主体
連邦政府	連邦会計基準諮問審議会 （FASAB：Federal Accounting Standard Advisory Board）
公営企業	財務会計基準審議会 （FASB：Financial Accounting Standard Board）
州・地方政府	政府会計基準審議会 （GASB：Governmental Accounting Standard Board）

　　ために役立つこと
　②利用者が州および地方政府の運営結果を評価するのに役立つこと
　③利用者が自治体の提供するサービスの水準および債務の弁済能力を評価するために役立つこと

2）GASB34号「州及び地方政府のための基本財務諸表と経営者による財務・運営成績の分析」

　自治体の財務報告については，1990年に「財務資源と発生主義」に焦点を置くGASB11号が公表以来，さまざまモデルの模索と議論が行われてきた。そして，1999年に公表されたGASB34号において提示された財務報告モデルは，完全発生主義を導入し，インフラ資産についても資産計上と減価償却を義務づけるものであった。

　前述した1987年の「概念書」で明確にされた財務報告の目的を達成しようとすれば，全経済資源をとらえることのできる完全発生主義の採用が必然的に求められることになる。また，完全発生主義は，行政活動の経済性・効率性・有効性を判断し行政経営を進めていくためには不可欠なものである。GASB34号では，こうした考えから，従来の基金財務諸表モデルに一部修正を加えるとともに，別途完全発生主義による財務諸表の作成を義務づけた。

3) 地方公会計改革の方向性

アメリカの地方公会計は,「基金会計 (fund accounting)」と呼ばれる方式を採用してきた。ここで,基金 (fund) とは,わが国自治体で「一般会計」,「特別会計」と呼ばれる「会計」に相当すると考えればよいだろう。

これまでの基金会計では,修正発生主義によって,流動財務資源の管理に加えて,それらの短期的財政および法規準拠性に焦点を当てた「財政上の説明責任」を示すことを目的としている。これに対して,経済資源に焦点を当てる完全発生主義を採用するということは,事業を執行するコストセンターに重心を置く「事業上の説明責任」を示すことになる。

以上の点から,アメリカの自治体においては,自治体全体の財務諸表と基金財務諸表とが,それぞれ,完全発生主義・修正発生主義という異なる認識基準で報告されることとなった。すなわち,果たすべき説明責任は,財務および投資も含めて資源の保全と使用に係る規制への準拠に対する「財政上の説明責任」とともに,自治体の行政目的を達成するために資源を効率的かつ有効的に使用する「事業上の説明責任」の両者を含むものとの理解である。

「財政上の説明責任」は,1年(あるいは2年)という短期間の公金の徴収および費消に関する責任である。これに対して,「事業上の説明責任」は,事業目的が効率的かつ有効的に遂行されているか,予知できる将来において,この目的を達成し続けることができるかどうかについて説明する責任である。このような2つの体系の情報を基本財務諸表として提供して差異の照合をすることは,基本財務諸表の利用者に対して,有意義なものであるとの観点から,差異の説明等については,「経営者による財務・運営成績の分析」においてなされることとなっている。

4) 自治体の財務報告－ニューヨーク市の「経営者による財務・運営成績の分析」

ここで,上記の「差異の説明等」に関する事例として,ニューヨーク市の包括年次報告書における「経営者による財務・運営成績の分析」を確認して

おく。まず，冒頭で市の財務諸表の構成が示される。経営者による財務・運営成績の分析がなされ，以下の事項が説明されている。

・自治体の財務諸表が企業会計的に市の財政状態の概観を提供するものであること
・基金（fund）が特定の事業のために確保された資源の管理のための会計のグループであり，緊急財政法を含む財政関連法への法規準拠性を監視するために基金会計を用いていること

次に，財務報告の主体が説明され，さらに，財務諸表の分析が示される。特に，純資産の増減によって市の財政状態が改善しつつあるのか悪化しつつあるのかを知ることができる。なお，純資産の増減は純資産変動計算書で示され，また，活動成果報告書（わが国自治体の行政コスト計算書に相当）では，純資産の増減要因となる情報を提供する。

最後に，基金財務諸表の分析，ニューヨーク市一般基金収支の当初予算，補正予算および実績比較が行われ，さらに，固定資産や借入金等の主な項目についての増減の説明がなされた後，経済的要因の説明が行われている。

次頁以降に，ニューヨーク市の財務書類を例示する。なお，例示の中で「プライマリー政府」とは中心となる行政組織を意味し，「構成単位」とは支配力のおよぶ連結対象の組織を意味している。また，純資産の内訳に示されている「拘束性」，「非拘束性」は，拠出者の意図等により使途が決められているかどうかを示す。

ニューヨーク市　市全体の貸借対照表（2003年6月期）

(単位：千ドル)

	プライマリー政府 政府活動	構成単位
資産		
現金及び現金同等物	4,448,684	1,1275,278
投資	910,566	592,208
受取債権		
固定資産税（徴収不能額に対する引当控除後）	534,497	-
連邦、州及び他の主体からの補助金	6,447,866	-
固定資産税以外の税金	2,380,014	-
その他	602,364	1,544,807
抵当証券と未収利息	1,307	3,183,236
棚卸資産	213,957	47,410
プライマリー政府に対する債権	-	13,213
構成単位に対する債権	603,988	-
拘束性現金及び投資	1,119,324	3,790,822
繰延費用—社債発行費	589,152	-
固定資産		
土地及び建設仮勘定	3,711,398	4,615,554
その他の固定資産（減価償却累計額控除後）		
有形固定資産	18,940,986	17,345,561
インフラ資産	6,242,482	-
その他	99,055	309,306
総資産	46,845,640	32,717,395
負債		
未払金及び未払費用	9,165,574	1,810,530
未払利息	637,960	74,184
繰延収益		
前受固定資産税	2,051,819	-
その他	1,258,236	168,070
プライマリー政府に対する債務	-	603,988
構成単位に対する債務	13,213	-
連邦、州及び他の主体への補助金返還分	249,660	-
購入投資有価証券の未払対価	257,000	-
その他	93,475	56,304
固定負債		
1年以内返済予定	4,356,716	1,198,979
1年超返済予定	55,487,983	16,940,939
総負債	73,571,636	20,852,994
純資産		
固定資産投下額（関連負債控除後）	(4,770,629)	9,737,643
拘束性純資産		
投資プロジェクト	675,338	46,861
債務返済	1,244,182	580,182
貸付・保証金	-	67,600
寄附による制約	-	13,352
事業運営	-	132,107
非拘束性純資産	(23,874,887)	1,286,656
純資産（欠損）	(26,725,996)	11,864,401

ニューヨーク市　市全体の活動成果報告書（2003年6月）

(単位：千ドル)

機能/プログラム	費用	プログラム収入 利用料	プログラム収入 事業補助金・寄附金	プログラム収入 投資補助金・寄附金	収入純額と純資産の変動 プライマリー政府 政府活動	収入純額と純資産の変動 構成単位
プライマリー政府						
一般政府	1,985,943	539,379	355,117	79,163	(1,012,284)	-
公共の安全と秩序	8,762,321	248,212	690,489	30,316	(7,793,304)	-
教育	14,499,037	44,203	7,476,132	8,546	(6,970,156)	-
市立大学	533,096	152,782	225,104	-	(155,210)	-
社会サービス	9,785,682	70,924	4,373,853	23,207	(5,317,698)	-
環境保護	2,055,835	827,446	40,269	36,724	(1,151,396)	-
輸送サービス	2,083,259	609,148	160,777	178,166	(1,135,168)	-
公園, 娯楽, 文化活動	607,787	58,351	10,328	86	(539,022)	-
住宅	787,584	194,226	186,006	75,384	(331,968)	-
医療(HHCに対する支払を含む)	2,709,563	45,938	1,086,020	23,928	(1,553,677)	-
図書館	377,647	-	-	-	(377,647)	-
支払利息	2,417,993	-	-	-	(2,417,993)	-
プライマリー政府合計	46,605,747	2,790,609	14,604,095	455,520	(28,755,523)	
構成単位	9,898,613	6,479,248	1,895,582	1,028,283	-	(495,500)
一般歳入：						
税収(還付控除後)						
固定資産税					9,919,734	-
売上及び利用税					4,326,464	
所得税					4,996,749	
法人税					2,840,916	
その他					1,328,985	-
投資収入					126,037	169,354
その他の連邦及び州の補助					1,743,466	2,139
その他					446,818	322,505
一般収入合計					25,729,169	493,998
純資産の変動					(3,026,354)	(1,502)
期首純資産残高					(23,699,642)	11,865,903
期末純資産残高					(26,725,996)	11,864,401

ニューヨーク市全体の活動成果報告書（2003年6月期）

（単位：10億ドル）

	2003年	2002年
固定資産に投下されている純資産		
いくつかの市所有資産の耐用年数は債務返済期間と異なる。学校及び関連施設は、債務返済より早く返却されてしまいこの差異の最も大きな要素となっている。	(4.7)	(4.0)
拘束性純資産		
債務返済	1.2	1.9
投資プロジェクト	.7	.8
拘束純資産計	1.9	2.7
非拘束性純資産		
自治体援助公社（MAC）により市の費用を賄うために1970年代に発行された債務残高	(2.2)	(2.9)
市輸送公社が発行した9.11事件の復興関連経費に当てるための債務残高	(2.1)	(0.5)
純資産変動計算書では市所有の資産として報告されていない公共目的の固定資産の取得や建設のために発行した債務残高（略）	(9.1)	(9.6)
当座の資金を要しない長期債務		
判決及び請求	(4.5)	(4.3)
有給休暇及び病気休暇	(2.6)	(2.2)
年金債務	(0.6)	(0.3)
埋立地の閉鎖及び閉鎖後の費用	(1.3)	(1.3)
その他の非拘束性非固定資産を上回る負債	(1.5)	(1.3)
非拘束性純資産計	(23.9)	(22.4)
ニューヨーク市純資産合計	(26.7)	(23.7)

2　イギリスの地方公会計改革

　イギリスは，立憲君主制を採る単一国家である。議員内閣制により統治されており，二大政党による政権交代が50年以上継続している。イギリスは，イングランド，ウェールズ，スコットランド，北アイルランドの4つの地域に分かれており，現在，1999年に樹立されたスコットランド政府（Scottish Parliament）に対して準連邦制に近い権限移譲が行われている。自治体は，

二層制を採用しているが，上記の4つの地域で，その様相は大きく異なっており，広域自治体と基礎自治体との機能を併せもつ一層制自治体が存在する地域もある。

(1) イギリスにおける地方公会計改革の経緯と基準設定主体

　イギリスの自治体は，1994年に発生主義を導入しているが，公会計改革の着手は1970年代に遡る。1980年代には，経常会計に対して発生主義の導入が進み，1993年に資本会計への発生主義導入が行われ，ひとまず改革完了をみた，というのが現実である。

　公会計改革の端緒は，1976年勅許財務管理者協会（Chartered Institute of Public Finance and Accountancy：CIPFA）が会計士団体合同諮問委員会（Consultative Committee of Accountancy Bodies）に加盟をきっかけに，会計基準委員会（Accounting Standards Committee：ASC，政府機関の1つ）の公表する会計実務基準書（Statements of Standard Accounting Practice：SSAP）の適用を自治体に奨励するようになったことである。

　1982年地方財政法（The Local Government Finance Act 1982）の制定によって，地方公会計改革がさらに推進されるようになる。すなわち，同法の意義は，第1に，自治体会計に「適正な実務（proper practices）」の概念が導入されたこと，第2に，「自治体に対する監査実務コード（The Code of Practice for Local Authorities）」が自治体等監査委員会（The Audit Commission）によって策定され，この監査実務コードが，地方自治体の財務会計・報告書における会計概念フレームワークに関する重要な規定であると位置づけられたこと，と要約することができる。

　さらに，会計概念フレームワークの策定に向けて，CIPFAおよびASC，自治体等監査委員会の活動が続いていった。まず，1986年改訂のSSAPにおいて，政府の会計に求められる要件は，原則として，ASCの声明書に示される諸原則と調和が図られるものと期待されると明記され，これによって，地方公会計に対するASCの影響力が確認されることになる。次に，1987年

におけるCIPFAと自治体等監査委員会によって，実務基準が策定されることになった。すなわち，当時の地方行財政所管大臣（The Secretary of Department of Environment：環境大臣）が，自治体の公表決算書について会計基準を改善する案の作成を要請し，この要請を受けて，CIPFAと自治体等監査委員会が，1987年に，「地方自治体会計の実務基準（The Code of Practice on Local Authority Accounting）」を公表している。この実務基準書は，同年，ASCによって，実務基準として承認され，ここで，自治体の会計基準が確立されることとなった。なお，ASCは，1990年に，会計基準審議会（Accounting Standards Board：ASB）として改組され，現在に至っている。

こうした経緯の中で，自治体の会計基準は，毎年度，策定者であるCIPFAによる改訂を経て，2009年6月現在では，「The Code of Practice on Local Authority in the United Kingdom 2009」である（以上，稲沢［2009b］）。

(2) 地方公会計の現状

イギリスの地方公会計について，以下の3点に整理して，その現状を説明する。
①経常会計と資本会計との峻別（複会計制度）
②固定資産の分類と評価
③公表財務諸表の統一

1) 経常会計と資本会計との峻別（複会計制度）

イギリスの地方公会計は，経常会計と資本会計を峻別して示す「複会計」を採用する。経常会計と資本会計との峻別は，資本会計による事業の財源の多くが長期借入金（わが国の「地方債」に相当）であり，公的債務の増加を抑制するため，資本会計そのものに統制をかける必要があったことから，特に当時の保守党政権（サッチャー・メージャー政権期）に，その必要性が強調された。さらに，長期借入金が経常経費の財源になってしまうことで，資

本投資に向かう資金が減少するのを防ぐ目的もあった。

2) 固定資産の分類と評価

資本会計の論点として、さらに、固定資産の分類および評価とキャピタル・チャージの2点について整理しておく。

まず、イギリスの自治体会計では、固定資産を、運用資産（operational assets）と非運用資産（non-operational assets）とに大きく分類し、さらに、運用資産をインフラ資産とコミュニティ資産、それ以外の資産とに分類して、それぞれ異なる評価法を適用している（**図表7-2**）。

◉図表7-2　イギリスの地方公会計における固定資産の分類・評価

大分類	小分類
運用資産：行政サービス提供のために、自治体が所有・占有・利用している固定資産	**インフラ資産**：譲渡を前提としない固定資産 【例】道路、橋りょう、水道施設 【評価法】取得原価。貸借対照表計上は取得原価か、取得原価から減価償却費を差し引いた額
	コミュニティ資産：自治体が永久に所有する意図をもち、かつ、その処分に拘束のある資産 【例】公園、芸術作品、博物館の展示品 【評価法】取得原価。貸借対照表計上も取得原価
	それ以外の資産：運用資産のうち、インフラ資産にもコミュニティ資産にも該当しない資産。 【例】庁舎、学校校舎、図書館などと、これら建物に関連する土地、設備、車両、備品など。 【評価法】正味現在取替価額（現状で当該資産の取替または再生産に要する費用）あるいは正味実現価額（利用又は使用中の資産の市場価値から当該資産の売却に）のいずれか低い方。貸借対照表計上も同様。
非運用資産：自治体が所有している資産であって、サービスを提供するために利用または消費されていない固定資産。 【例】投資財産、商業用資産、開発に未着手の土地など	

次に，キャピタル・チャージとは，一種の機会費用の考え方であり，純資産額に一定の利子率を乗じて機会費用を認識するものである。英国の地方公会計におけるキャピタル・チャージは，費用であるものの，各費目（教育費，社会福祉費など）でいったん費用計上された後に，連結経常収支計算書の中の「資産管理収支勘定」において，同額が収入計上されるために，自治体の収支差額や地方税率に影響は与えない（以上，稲沢［2009b］）。

3）公表財務諸表の統一

公表財務諸表は，CIPFAのガイダンスで明示されている。例として，決算書類である年次報告書（Annual Report）の様式は，次のように統一されている。

イギリス自治体の年次報告書様式

① まえがき
財政部長による決算の説明，外部監査人の監査報告書，決算の基本方針（減価償却方法など）

② 連結経常収支計算書
各会計の収支計算を明示した後，連結したもの。なお，キャピタル・チャージは，ここで注記により開示される。

③ 連結貸借対照表
自治体の全資産・全負債を明示する。貸借対照表の注記として，資本支出の明細，固定資産の移動明細，長期借入金の移動明細などがある。

④ 連結キャッシュ・フロー計算書
キャッシュの動きについて，経常会計によるもの，資本会計によるものに分けて明示する。

⑤ 業績評価指標
自治体のサービスを数値化した「業績指標（Performance Indicators）」のうち，特に費用に関係する指標を列挙して，類似団体と比較をしたもの。

3 フランス、ドイツ、ニュージーランドの地方公会計改革

(1) フランスの地方公会計改革

フランスは，大統領制を採用する単一国家である。地方政府は，三層構造となっている。国の統治単位であり最も広域を管轄する「州（région）」，州の統治単位である「県（départment）」，基礎的自治体である「市町村（commune）」である。

1）地方公会計の概要

フランスの自治体の予算および会計システムは，以下の2つの特徴がある。
①法律によって予算および会計の形式と作成基準が定められていること。したがって，自治体によって作成される文書は統一されている。
②予算および会計基準は，機械的に適用されていること。様式が実態よりも重視されている。

以上の2点に沿って，地方公会計の概要と改革の経緯を説明する。

フランスの地方公会計は，1997年に発生主義が採用されており，また，M14と呼ばれる新たな勘定体系が採用されている。

新たな勘定体系（M14）とは，約3万6,000ある市町村の会計制度を根本的に改訂するものとして策定された会計基準であり，1997年以来，すべての市町村に適用されている。M14の策定目的は，主に2つである。第1に，民間企業の勘定体系である1982年PCG（Plan Contable Général）と整合させること，第2に，誠実性，慎重性などの新たな会計概念を導入することである。

地方公会計は，「首長が選任する委員」と財務省から出向する「会計担当官」の2人の職員によって運用等が担われている。首長選任の委員は，予算文書を作成し，会計文書を単式簿記で記録する一方で，資金の収受・支払な

どには関与しない。一方，会計担当官は，予算執行状況を管理し，会計記録を複式簿記で行い，資金の収受・支払に関与する。この2人の職員が，次に述べるように，別々の財務書類を作成している。

フランスの地方公会計において，財務会計報告は，予算権限のチェック，採用された予算文書に対する報告をその目的としている。これらの目的を果たす財務書類が「予算執行計算書及び運営計算書」であり，この財務書類は，予算書と同じ様式・構造で示されている。一方で，自治体における会計担当官は，貸借対照表および損益計算書を作成する。会計担当官は，さらに，財務大臣から提供されるソフトウェアを使用して，「予測・過去の財務分析」，「債務分析」，「他の地方自治体との税金・財務比較分析」を行う。

(2) ドイツの地方公会計改革

ドイツは，連邦政府（Bund），州政府（Länder），自治体（Gemeinden）による三層構造をもつ連邦国家である。大統領制を採るが，実際の政治は首相が執り行う議院内閣制である。

1) 公会計の現状

ドイツの公的部門（連邦政府，州政府，自治体）の財務諸表は，現金収支会計としての金銭会計が中心となっており，基本的に現金主義に基づいている。この現金収支の記帳方法が「カメラル簿記」と呼ばれるものである（**図表7-3**）。この記帳方法は，取引を二面的に記帳する仕組みを有しておらず，取引の最終結果を損益法及び財産法の2つによって算定することはできない。このような現状の中で，次に説明するように，州政府および自治体では，公会計改革への取り組みがみられるようになってきているが，連邦政府の会計制度については，今のところ，抜本的な改革議論は進んでいないようである。

● 図表7-3　行政カメラル簿記の様子（4欄，8欄の構造）

4欄の構造

勘定（予算所管または記帳所管）	命令済予算額		執　行	執行未済
	前年度繰越額 （RVp）	当年度予算額 （S）	実際額 （I）	残高 （R）

前年度繰越額　＋　当年度予算額　－　実際額　＝　残高

8欄の構造

借入金	収　入				支　出			
	RVp	S	I	R	RVp	S	I	R
期首在高					300			
借入金受入請求権		100						
借入金受入			100			100		
借入金債務							50	
借入金返済								350
期末在高								
合　　計	－	100	100	－	300	100	50	350

2）地方公会計改革の現状

　伝統的なカメラル簿記を基礎とする予算・会計制度を離脱し複式簿記に基づく会計制度を導入しようとする公会計改革は，州政府，自治体において検討が進められようとしている。州政府が，自治体の予算・会計制度における排他的な立法権を有しているために，多くの州が，自治体に対して，取得原価主義に基づく完全発生主義を導入するプログラムに着手しているところである。

　ノルトライン・ヴェストファーレン州とニーダーザクセン州の2州では，州に属する自治体の会計を現金主義から発生主義へと移行する法制化について，その予定と経過規定を公表している（**図表7-4**）。

　ヘッセン州では，州内の自治体のみならず自らの州レベルでも発生主義会計を導入することを決定しており，バーデンヴュルデンベルク州では，会計基準の移行を自治体の裁量とした。なお両州とも，まだ移行の時期等につい

●図表7-4　ドイツ2州の地方公会計改革の現状

	ノルトライン・ヴェストファーレン州	ニーダーザクセン州
法制化	2004年中	2004年～05年
発行日	2005年1月1日	2006年1月1日
経過期間	3年間	5年間
移行完了時期	2008年1月1日	2011年1月1日

ては公表していない（2007年9月時点）。自治体のための会計基準設定に関しては，州が裁量権をもっているため，それぞれ異なった基準を開発しているのが現状である。

(3) ニュージーランドの地方公会計改革

　ニュージーランドは，立憲君主制による単一国家である。自治体は，広域自治体（county）と基礎自治体（district）の二層制であるが，広域自治体の所管事項は極めて限られており，行政サービスは，国と基礎自治体によって行われているといってもよい。

〔ニュージーランドの公会計改革〕

　ニュージーランドでは，国の公会計改革と同時期に地方公会計改革が行われており，しかも，国と同様の会計基準に従わなければならないとされている。なお，自治体には，実質的支配権がおよばないことを理由に，国と自治体とを連結した財務諸表は作成されていない。自治体は国と同じ会計基準ということから，以下，国の会計改革と会計基準の概要について説明する。

　公会計改革の経緯をみると，1980年代における政府債務残高の累増から行政改革を断行し，その中で，公会計改革が実行されている。まず，1989年の公共財政法等によって政府省庁の財務報告に関して発生主義が導入された。続いて1993年財務報告法によって，公共機関にも民間と同様の会計基準であるGAAP（Generally Accepted Accounting Principle：一般的に認められた

会計基準)の採用が義務づけられ,1994年には,政府全体の発生主義による財務報告制度が確立している。さらに,1994年の財政責任法では,政府に包括的な財政情報の開示を求める観点から,各種予測財務諸表の公表を求めている。

●図表7-5　ニュージーランド政府に求められる予測財務諸表

(a) 財務業績報告書
(b) 貸借対照表
(c) 純資産変動計算書
(d) キャッシュ・フロー計算書
(e) 借入報告書

なお,財政責任法では,各省庁による予測財務諸表の作成を求めており,各省庁の財務諸表には,**図表7-5**に示すものに「アウトプット・クラスごと運営収支」が追加され,借入報告書の代わりに「固定資産明細」が求められている。

参考文献

【1章】

国土交通省［2005］「平成17年度　国土交通白書」。

石田晴美［2006］『地方自治体会計改革論—わが国と諸外国及び国際公会計基準との比較—』森山書店。

【2章】

日本公認会計士協会［2008］「地方公共団体の会計に関する提言」公会計・監査特別委員会研究報告第1号。

石田晴美［2006］『地方自治体会計改革論—わが国と諸外国及び国際公会計基準との比較—』森山書店。

亀井孝文［2008］『公会計制度の改革』中央経済社。

隅田一豊［2001］『自治体行財政改革のための公会計入門』ぎょうせい。

中地宏監修,㈱ナカチ公会計研究所編［2006］『自治体会計の新しい経営報告書』ぎょうせい。

【3章】

岸　道雄［2005］「第5章　日本における市場化テスト導入の留意点と課題」櫻井通晴監修,南　学／小島卓弥編著『地方自治体の2007年問題』官公庁通信社。

米田正巳［2008］「予算にも発生主義会計の導入を—東京都の改革にみる課題」『都市問題 Vol.99 No.4』。

国土交通省［2008］『平成19年度国土交通白書』。

総務省［2007］「新地方公会計制度実務研究会報告書」。

総務省［2008］2008年11月18日おおさか市町村職員研修センターにおける配布資料。

総務省自治財政局公営企業課［2008］「第三セクター等の状況に関する調査報告」。

宗和暢之／川口雅也［2008］「Q&A 新地方公会計制度 総務省方式改訂モデルの徹底活用　第5回固定資産台帳整備のポイント①」『地方財務』2008年8月号。

【4章】

総務省［2006］「新地方公会計制度研究会報告書」。
総務省［2009］「地方公共団体の平成19年度版財務書類の作成状況等（調査日：平成21年3月31日）」。
天川竜治・小室将雄［2008］「総務省方式改訂モデルの発展」『地方財務』12月号。
関西学院大学専門職大学院経営戦略研究科［2006］『地方自治体財務会計論』自製テキスト。
森田祐司監修，監査法人トーマツパブリックセクターグループ編著［2008］『新地方公会計制度の徹底解説「総務省方式改訂モデル」作成・活用のポイント』ぎょうせい。

【5章】

稲沢克祐［2009a］「自治体財務情報の課題と今後の方向性」『地方自治職員研修臨時増刊号91』。
公会計改革研究会［2008］『公会計改革—ディスクロージャーが「見える行政」をつくる』日本経済新聞社。
総務省［2009］「平成21年度版「地方財政の状況」の概要」。
吉田　寛［2003］『住民のための自治体バランスシート』学陽書房。
総務省［2009］「新地方公会計モデルにおける連結財務作成実務手引」地方公会計の整備促進に関するワーキンググループ。

【6章】

筆谷勇監修，㈱日本公会計総合研究所編［2004］『Q&A 公会計読本—理論と実例で見る改革の論点』ぎょうせい。
関西学院大学専門職大学院経営戦略研究科［2006］『国際公会計論』自製テキスト。

【7章】

稲沢克祐［2009b］『公会計（新訂版）』同文舘出版。
関西学院大学専門職大学院経営戦略研究科［2006］『国際公会計論』自製テキスト。

索引
(Index)

A~Z

Accounting Standards Committee (ASC) ……………… 147
Annual Report ……………………… 150

CIPFA ……………………………… 147
Consultative Committee of Accountancy Bodies ……… 147

Economy（経済性）………………… 30
Effectiveness（有効性）…………… 30
Efficiency（効率性）………………… 30

FASAB ……………………………… 141
FASB ………………………………… 141
financial performance ……………… 20
financial position …………………… 20
fund accounting …………………… 142

GASB …………………………… 22, 141
GASB34（「州及び地方政府のための基本財務諸表と経営者による財務・運営成績の分析」）………………………… 141

IFAC ………………………………… 11
IFRS ………………………………… 11
International Public Sector Guidelines … 11

International Public Sector Studies …… 11
IPSAS ………………………………… 11
IPSASB ……………………………… 11

M14 ………………………………… 151

Private Finance Initiative（PFI）……… 58
Plan Contable Général（PCG）……… 151
PSC ………………………………… 11

SSAP ……………………………… 147

The Audit Commission …………… 147
The Code of Practice for Local Authorities ……………… 147
The Local Government Finance Act 1982 ……………… 147

VFM ………………………………… 29

あ

アカウンタビリティ ………………… 22
赤字地方債 ………………………… 74

1年ルール ………………………… 59
一部事務組合・広域連合 ………… 79
一般財源 …………………………… 68
インフラ資産 ……………………… 149

159

インフラ資産の特徴………………… 124	起債制限比率………………………… 94
	基準財政収入額……………………… 92
運用資産……………………………… 149	基準財政需要額……………………… 92
	基準モデル…………………………… 46
NPM改革 …………………………… 28	基礎的財政収支……………………… 74
	基金会計（fund accounting）…… 142
大分県臼杵市………………………… 3	基金取崩額…………………………… 74
	キャピタル・チャージ…………… 150
か	協議制……………………………… 100
	行政改革推進法……………………… 4
会計士団体合同諮問委員会（Consultative	行政改革の基本方針………………… 3
Committee of Accountancy Bodies）… 147	強制競争入札………………………… 29
会計年度独立の原則………………… 89	行政サービス提供能力……………… 50
開始貸借対照表……………………… 46	行政評価……………………………… 32
会社法人……………………………… 41	業績測定（Performance Measurement）… 32
回収可能サービス価額…………… 127	
回収不能見込額……………………… 57	熊本県………………………………… 2
回収不能見込率……………………… 57	
隠れ債務……………………………… 56	経済財政運営と構造改革に関する
貸付金・出資金等の回収等による財源増… 71	基本的方針2006…………………… 4
貸付金・出資金等への財源投入 ………… 70	形式収支……………………………… 89
カメラル簿記……………………… 152	経常行政コスト……………………… 63
科目振替……………………………… 69	経常行政コスト対有形固定資産比率…… 105
環境関連債務……………………… 131	経常収益……………………………… 66
監査…………………………………… 23	経常収支比率………………………… 93
監査委員……………………………… 96	経常的収支…………………………… 74
間接費………………………………… 32	決算カード…………………………… 88
簡素で効率的な政府を実現するための行政改	決算統計……………………………… 88
革の推進に関する法律（平成18年法律第47	減価償却計算表……………………… 52
号）………………………………… 3	減価償却後再調達原価…………… 126
官庁会計……………………………… 16	減価償却による財源増……………… 72
官民競争……………………………… 28	研究報告書第14号…………………… 22
	現金主義……………………………… 19
期間負担の衡平性…………………… 63	

減債基金	56
減税補てん債	104
健全化団体	96
健全化判断比率	95
減損	125
公営企業会計	16
公営事業会計	16
公益法人会計基準	81
公共資産	51
公共資産処分による財源増	70
公共資産整備収支	74
公共資産整備への財源投入	70
公共部門特有の棚卸資産	122
公債費比率	94
公債費負担適正化計画	100
公債費負担比率	94
更新投資	8
公正価値	126
公正価値評価	40
公的アカウンタビリティ	14
公有財産台帳	38
国際会計基準（IFRS）	11
国際会計士連盟（IFAC）	11
国民経済計算（新SNA）	14
国際公会計委員会（PSC）	11
国際公会計基準（IPSAS）	11
国際公会計基準審議会（IPSASB）	11
国際公会計基準における費用（インプット）の目的による分類	137
国際公会計基準の資産の定義	120
国際公会計基準の収益の定義	133
国際公会計基準の費用の定義	135
国際公会計基準の負債の定義	130
固定資産台帳	39,40
コミュニティ資産	149

さ

歳計外現金	59
歳計現金	56
債権	40
財源の使途	49
財源の調達先	49
財政再建準用団体	90
財政状態（financial position）	20
財政制度等審議会	3
再生団体	95
財政調整基金	56
財政の健全性分析	89
財政力	91
埼玉県秩父市	108
再調達価額	50
歳入額対資産比率	104
歳入歳出決算書の説明の限界	103
財務会計基準審議会（FASB）	141
財務業績（financial performance）	20
財政上の説明責任	142
財務諸表の「質」	119
財務書類4表を用いた財務分析指標	102
債務負担行為	58
債務保証または損失補償	58
させる論理	28
3E	30
施策別財務分析	108
資産・債務改革	37

資産情報整備アプローチ………………	38
資産の売却費用控除後公正価値………	127
資産評価替えによる変動額……………	69
資産評価差額……………………………	54
事業上の説明責任………………………	142
市場価値…………………………………	126
市場化テスト……………………………	32
市場原理…………………………………	28
自治体財政健全化法……………………	19
自治体等監査委員会 （The Audit Commission）…………	147
実質赤字比率……………………………	60,90
実質公債費比率…………………………	95
実質収支…………………………………	89
実質単年度収支…………………………	89
社会資本形成の世代間負担比率……	102,103
収支計算書………………………………	2
収入対経常行政コスト比率……………	105
住民1人当たり貸借対照表・ 　行政コスト計算書…………………	106
受託責任（スチュワードシップ）……	22
純経常行政コスト………………………	63
使用価値…………………………………	126
少子高齢社会……………………………	9
省庁別財務書類の作成基準……………	3
正味実現可能価額………………………	126
賞与引当金………………………………	59
将来世代による負担比率………………	102
将来負担比率……………………………	95
新地方公会計改革制度研究会…………	4
新地方公会計制度実務研究会報告書…	38
ストック情報……………………………	20

制度会計…………………………………	16
政府会計基準審議会（GASB）………	22,141
説明責任（アカウンタビリティ）……	22
1982年地方財政法（The Local Government 　Finance Act 1982）…………………	147
全部連結…………………………………	79
総務事務次官通知「地方公共団体における行 　政改革の更なる推進のための指針」……	5
総務省方式改訂モデル…………………	46

た

第三セクター……………………………	41
第三セクター等への出資金……………	40
第三セクターの経営破綻………………	43
貸借対照表………………………………	49
退職手当組合……………………………	56
退職手当組合積立金……………………	56
退職手当引当金…………………………	8
退職手当引当金繰入金…………………	59
棚卸資産…………………………………	121
短期借入金（翌年度繰上充用金）……	59
単純合算…………………………………	81
単年度収支………………………………	89
地方公営企業法…………………………	16,81
地方公会計の意義………………………	15
地方公会計の機能………………………	16
地方公会計の整備促進に関する 　ワーキンググループ………………	85
地方公会計の領域………………………	16
地方公共団体の総合的な財政分析に関する 　調査研究会報告書…………………	3

地方債償還に伴う財源振替	73
地方財政再建促進特別措置法	90
地方財政状況調査表	88
地方財政白書	88
地方三公社	41
地方自治法第2条第14項	30
地方自治法等の規定に基づく地方公共団体の報告に関する総理府令（昭和28年総理府令32号）	88
地方税の収入未済額	57
地方独立行政法人	41
長期延滞債権	54
長期未払金	58
勅許財務管理者協会（CIPFA）	147
東京都会計基準	46
投資・財務的収支	75
投資損失引当金	54
投資不動産の定義	122
特定目的基金	54
土地開発公社経理基準要綱	81

な

内部取引の相殺消去	81
ニーダーザクセン州	153
日本公認会計士協会・公会計委員会	112
認識基準	19
年次報告書（Annual Report）	150
ノルトライン・ヴェストファーレン州	153

は

バリュー・フォー・マネー（VFM）	29
非運用資産	149
非財務情報	108
非資金生成資産	125
ヒト，モノ，カネのストック・サイクルの変化	8
ヒトのストック・サイクル	8
比例連結	79
福岡県福津市	107
複会計制度	148
負債の認識基準	130
普通会計の連結対象	79
普通交付税	92
不納欠損	40
フルコスト	32
フロー情報	20
文化資産の特徴	124
補助金等受入	69

ま

任せる論理	28
マクロ会計	14
三重県	3
ミクロ会計	14
未収金	57
未払金	59
民法法人	41

163

無償受贈資産受入…………………… 69

モノのストック・サイクル …………… 8

や

有形固定資産…………………………… 51
有形固定資産の行政目的別割合……… 104

翌年度繰上充用金……………………… 59
翌年度支払予定退職手当……………… 59,60

読替……………………………………… 81

ら

臨時財政対策債………………………… 104
臨時損益………………………………… 69

連結実質赤字比率……………………… 95
連結手続………………………………… 80
連単倍率………………………………… 106
連邦会計基準諮問審議会（FASAB）…… 141

《著者紹介》

稲沢　克祐（いなざわ　かつひろ）
1959年 群馬県前橋市生まれ
1982年 東北大学卒業
　　　　群馬県庁（財政課等）の勤務を経て，四日市大学総合政策学部助教授
現　在 関西学院大学専門職大学院経営戦略研究科教授
　　　　名古屋市行政評価委員長，外務省政策評価アドバイザリー委員，内閣府
　　　　官民競争入札等監理委員会専門委員など公職多数
　　　　博士（経済学）

〈主要著書〉
『基本テキストシリーズ　公会計（新訂版）』同文舘出版，2009年
『行政評価の導入と活用』イマジン出版，2008年
『自治体の市場化テスト』学陽書房，2006年
『英国地方政府会計改革論』ぎょうせい，2006年
ほか多数

（検印省略）

平成21年9月5日　初版発行　　略称：公会計改革

自治体における公会計改革

著　者　　稲沢克祐
発行者　　中島治久

発行所　**同文舘出版株式会社**
東京都千代田区神田神保町1-41　〒101-0051
営業（03）3294-1801　　編集（03）3294-1803
振替00100-8-42935　　http://www.dobunkan.co.jp

製版　一企画
印刷・製本　萩原印刷
Printed in Japan 2009
ISBN978-4-495-19311-9